Keine Zeit, keine Zeit? Dann halten Sie doch einmal inne! Denn wer sich kurz Zeit nimmt, die Hektik des Lebens zu verstehen, fördert Faszinierendes zutage. Dieses kurzweilige Buch ist voll davon. Es ist eine Mischung aus Alltagserzählung und spannenden wissenschaftlichen Erkenntnissen und für Menschen gedacht, die einen Ausweg aus dem eigenen Turbo-Tunnel suchen (oder gar nicht erst hineingeraten wollen). Jedes der zwölf Kapitel beleuchtet einen wesentlichen Aspekt unseres immer schneller werdenden Lebens – von der Reizüberflutung im Büro und in der Freizeit über das große Missverständnis Multitasking bis hin zum Kontrollverlust. Und jedes Kapitel erzählt die Geschichte eines Menschen, der seinen Weg gefunden hat. So wird das abstrakte Thema Zeit auf einmal ganz konkret.

Corinna Budras, geb. 1976, hat Jura studiert und eine Ausbildung an der Berliner Journalisten-Schule absolviert. Seit 2005 ist sie Redakteurin der *Frankfurter Allgemeinen Zeitung*, zuerst im Wirtschaftsressort, seit April 2014 bei der *Sonntagszeitung*. 2015 betreute sie eine Serie über die Rastlosigkeit unserer Zeit mit dem Titel «Atemlos – wie wir Zeit gewinnen».

Pascal Fischer, geb. 1975, hat Germanistik und Philosophie studiert und beim Deutschlandradio volontiert. Von 2008 bis 2009 war er freier Kulturkorrespondent in New York. Als freier Hörfunkjournalist erstellt er Reportagen, Features, Literatur- und Sachbuchkritiken für die Programme des Deutschlandradios und die ARD-Kulturwellen.

Corinna Budras
Pascal Fischer

Wer hat an der Uhr gedreht?

Warum uns die Zeit
abhandenkommt und wie wir
sie zurückgewinnen

C.H.Beck

Mit zwölf handgeletterten Seiten von Chris Campe

Originalausgabe

© Verlag C.H.Beck oHG, München 2017
Satz, Druck und Bindung: Druckerei C.H.Beck, Nördlingen
Umschlaggestaltung: Chris Campe/All Things Letters, Hamburg
Printed in Germany
ISBN 978 3 406 70565 6

www.chbeck.de

Inhaltsverzeichnis

Hätten Sie kurz Zeit?

Es ist Dienstagabend, kurz vor 19 Uhr. Der Arbeitstag war schon stressig genug, im Büro stapeln sich die Herausforderungen, zu Hause geht das gerade so weiter: Die Kinder quengeln beim Abendessen, die Wohnung ist ein einziger Saustall. Eigentlich müsste man aufräumen, aber dafür ist jetzt keine Zeit. Die Freunde warten im Café, das war schon lange so ausgemacht. Dafür hat man extra die Internetseite «Doodle» genutzt, auf der alle ihre freien Termine eingetragen haben. Leider war die Übereinstimmung nicht besonders groß. Heraus kam ausgerechnet dieser Abend, der jetzt leider gar nicht passt. Aber an eine Absage ist nicht zu denken, wer weiß, wann sich die nächste Möglichkeit bietet. Oder wer überhaupt die Kraft aufbringt, eine neue Initiative zu starten. Es heißt also: jetzt oder nie. Deshalb schleppt man sich in das Café und es kommt genauso wie erhofft: Es wird ein launiger Abend. Man redet über die Vergangenheit und die Zukunft und darüber, wie schade es ist, dass man sich so selten sieht.

Das kommt Ihnen bekannt vor? Dann sind Sie hier genau richtig. Um sich gestresst zu fühlen, muss man übrigens nicht bis in die Puppen arbeiten. Auch Kinder sind dazu gar nicht nötig, nicht einmal ein Hamster. Ein Smartphone reicht völlig. Und jemand, der etwas von einem will. Das muss nicht der Chef sein, das können selbst die sein, die man am liebsten mag. Manchmal sogar man selbst. Und so ist es gar kein Wunder, dass sich viele unter Druck fühlen, denn inzwischen gibt es so viele Kanäle, auf denen man jederzeit für jeden erreichbar ist. Früher waren es nur der Briefkasten und die Türklingel, dann kam das Telefon hinzu und die E-Mail, jetzt ist es das Smartphone mit Whatsapp, Facebook und Twitter. Die Liste lässt sich sicher bald noch lange fortführen.

Wie sehr die Zeit drängt, fällt häufig gerade an Weihnachten auf, wenn besonders viel zu tun ist, obwohl doch alles so besinnlich zugehen sollte. Das war auch die Zeit, in der wir uns erstmals mit der Zeit beschäftigt haben. So saßen wir in der Wirtschaftsredaktion der *Frankfurter Allgemeinen Sonntagszeitung*, kurz bevor der Feiertagsstress seinem absoluten Höhepunkt zustrebte, und redeten über die gehetzte Gesellschaft und Menschen in der «Rushhour des Lebens», obwohl doch alles viel einfacher geworden ist: Eisenbahn, Auto, Flugzeug, Waschmaschine, Internet – alles Annehmlichkeiten, die das Leben bequemer und schneller machen.

Komisch auch, dass wirklich alle unter dem Stress zu leiden scheinen, egal ob sie nun jung oder alt sind, arm oder reich. Früher ackerten die Arbeiter am Fließband 60 Stunden die Woche, und die Reichen genossen ein ausschweifendes Leben mit möglichst wenigen Verpflichtungen. Heute gilt die Arbeit nicht mehr als Ausweis von Bedürftigkeit, sondern als Statussymbol. All das, so wurde uns schnell klar, war nicht nur einen kurzen Kommentar zur

Weihnachtszeit wert, sondern eine ganze Serie. Wir nannten sie «Atemlos – wie wir Zeit gewinnen», und sie erschien jede Woche im Geld&Mehr-Teil der *Frankfurter Allgemeinen Sonntagszeitung*. Ein halbes Jahr lang widmeten sich verschiedene Autoren den unterschiedlichsten Aspekten: der grundsätzlichen Frage, was Zeit eigentlich ist, der bemerkenswerten Gelassenheit der Skandinavier, dem längst verloren gegangenen Pausenzeichen im Fernsehen, den Vorteilen der Prokrastination und der Frage, warum die Unruhe unser Schicksal ist.

Doch auch damit war das Thema noch lange nicht ausreichend behandelt, schließlich geht es nicht nur um die Kuriositäten, von denen es im Zusammenhang mit der Zeit wahrlich viele gibt. Es geht auch um die Menschen, die unter ihr leiden, die sich mit ihr arrangieren und die das Beste daraus machen. An ihnen wollen wir erzählen, warum das scheinbar abstrakte Thema Zeit uns alle jeden Tag konkret betrifft. So wurde aus einer beruflichen Aufgabe ein persönliches Anliegen.

Deshalb haben wir uns zu zweit auf die Suche gemacht, sind unter anderem nach Hamburg und Paris, nach Berlin und Koblenz gefahren, um mit möglichst vielen Menschen über die Zeit zu sprechen. Einige Interviews konnten wir nur am Telefon führen – na klar, aus Zeitgründen. Wir haben Bücher gelesen, Statistiken und Studien gewälzt und am eigenen Leib ausprobiert, wie unterschiedlich wir die Zeit wahrnehmen, wenn es brenzlig wird.

Herausgekommen ist dieses Buch, das nicht nur für gestresste Menschen gedacht ist, die einen Weg aus dem Turbo-Tunnel suchen. Sie können hier Anregungen, vielleicht sogar Inspiration von Menschen wie Mounira La-trache bekommen, die ihrem hektischen Leben im Youtube-Space in Berlin mit bemerkenswerter Gelassenheit begeg-net. Es ist auch für all jene gedacht, die merken, dass das «Phänomen Zeit» voller interessanter Widersprüche steckt. Es gibt weniges, das so faszinierend ist wie die Zeit.

Wer

Zeit

SPART,

hat sie
schon
VERLOREN.

1. Kapitel: Wie die Zeit in die Welt kam

Herr Fusi ist 42 Jahre alt und hat einen kleinen Friseurladen inmitten einer kleinen italienischen Stadt. Jeden Tag kommen die Menschen zu ihm, lassen sich die Haare schneiden oder den Bart rasieren. Bei der Arbeit plätschert die Zeit so vor sich hin. Der Beruf des Friseurs ist schon automatisch ein Leben im Hier und Jetzt, in dem nur das Haupthaar zählt, das gerade geschnitten wird. Eigentlich mag Herr Fusi seinen Job, er hält es für eine sehr anspruchsvolle Aufgabe, Menschen schöner aus dem Laden herausgehen zu lassen, als sie hereingekommen sind. Dabei kann viel schiefgehen. Viele seiner Kunden wissen seine Arbeit zu schätzen. Trotzdem ist er manchmal unzufrieden, etwa wenn sein Laden leer ist und er auf Kundschaft wartet. Dann kommt er ins Grübeln. Er schaut auf seinen Scherenkasten, sieht, wie die Scheren dort so unordentlich und nutzlos herumliegen, und fragt sich nach dem Sinn des Lebens. Oder noch schlimmer: nach dem Sinn seines Lebens.

Eines Tages jedoch geschieht etwas Sonderbares. Während Herr Fusi wieder einmal wartet und über sich und sein Leben nachgrübelt, fährt ein graues Auto vor. Heraus steigt ein Mann im grauen Anzug. Kein einziges Haar ziert seinen Kopf oder sein Kinn und trotzdem steuert er zielgerade auf Herrn Fusis Laden zu. Er wolle gar keinen Haarschnitt, sagt er, sobald er den Laden betreten hat. Er sei rein geschäftlich hier. Denn er ist Agent einer Zeitsparkasse und in wichtiger Angelegenheit unterwegs. Seine Kunden will er daran hindern, weiter unablässig auf völlig unverantwortliche Art und Weise ihre Zeit zu verschwenden. Viel besser sei es, Zeit zu sparen.

Kunden wie Fusi zu überzeugen ist nicht sonderlich schwer, meist ist ohnehin schon eine gewisse Unzufriedenheit vorhanden. Wer führt schon das Leben, das er gerne hätte? Die Notwendigkeit, etwas zu ändern, sieht jeder ein, der einmal eine vernünftige Rechnung aufgestellt hat. Jeder, der weiß, wie viele Sekunden er sinnlos im Bett herumliegt und mit Schlaf verschwendet, mit Essen und mit kontraproduktiven Gedankenspielen, die nirgendwo hinführen und nur aufhalten. «Herr Fusi», sagt der graue Herr eindringlich, «Sie vergeuden Ihr Leben mit Scherengeklapper, Geschwätz und Seifenschaum. Wenn Sie sterben, wäre es, als hätte es Sie nie gegeben.»

Auch bei Herrn Fusi braucht es nicht viel, um ihn davon zu überzeugen, dass er sein Leben gerade auf das Lächerlichste verschwendet. Eine simple Rechnung mit der erwarteten und der bereits verpassten Lebenszeit lässt ihn erblassen. Deshalb eröffnet er ein Konto bei diesem sonderbaren grauen Herrn der Zeitsparkasse und nimmt sich vor, künftig Zeit zu sparen. Warum? «Für das richtige Leben muss man Zeit haben», sagt ihm der graue Herr, und letztlich ahnt er das ja längst schon selbst. Fortan schläft er also kürzer, schneidet schneller und redet weniger, um für sein richtiges Leben Zeit zu schaffen.

Genau wie alle anderen Menschen in der Stadt merkt Herr Fusi allerdings nicht, dass das schöne Zeitspar-Versprechen nicht gehalten werden kann. Das liegt in der Natur der Sache. Wer Zeit spart, hat sie schon verloren. Sein Leben rast an ihm vorbei, und jetzt hat Herr Fusi nicht einmal mehr die Zeit, darüber zu grübeln, ob sein Leben voller Scherengeklapper, Geschwätz und Seifenschaum wirklich so vergeudet ist, dass er es ändern müsste. Er wüsste ohnehin nicht, wie, denn dazu müsste er sich Zeit nehmen, um nachzudenken, und die hat er nicht mehr.

Michael Ende dagegen wusste genau, dass das alles so nicht funktionieren kann, deshalb hat er Herrn Fusi und die grauen Herren für seinen Klassiker *Momo* geschaffen, ein Kinderbuch voller Kapitalismuskritik. Es war Anfang der 1970er Jahre, als der Bestsellerautor Michael Ende so lange und so gehaltvoll über die Zeit nachgrübelte, dass sie gleich in eine herbe Modernitätskritik an Rationalisierung und Leistungsdruck mündete.

Gerade war Michael Ende aus seiner Geburtsstadt München mit seiner Frau in das italienische Städtchen Genzano in der Nähe von Rom gezogen, als er sich in das Schreiben dieses Werkes vertiefte. Schon damals trieb ihn die Frage um, warum die Menschen in der Moderne trotz aller zeitsparenden Rationalisierungen keine Zeit haben. Da war das Smartphone noch gar nicht erfunden, jenes wunderbare Teufelsgerät, das uns das Leben so viel einfacher macht und gleichzeitig so viel mehr Beschäftigung bringt. Anfang der siebziger Jahre stellten sich andere gesellschaftliche Probleme: Die Rebellion der Jungen war in vollem Gange, und gerade hatte sich die Terrorgruppe RAF gegründet.

Doch anders als das Thema suggerieren könnte, war *Momo* keineswegs der Befreiungsschlag eines von Stress und Leistungsdruck geplagten Romanautors und schon gar keine Verzweiflungstat. Im Gegenteil: Seine Biographin Birgit Dankert beschreibt Michael Ende als jemanden, der während seiner Arbeit in einem langen, disziplinierten Arbeitsprozess auf die glücklichste Weise bei sich selbst war. Nur so konnte es ihm womöglich gelingen, in erstaunlich plastischer Weise die wichtigsten Zeittheorien der europäischen Philosophie in einem von Jung und Alt geliebten Roman aufleben zu lassen.

Die Tücken im Umgang mit der Zeit stellen uns keineswegs erst seit kurzem vor gravierende Probleme. Nahezu jede Epoche hat immer wieder aufs Neue mit der Beschleunigung und der damit verbundenen Zeitknappheit gehadert. Doch wie kam es überhaupt so weit, dass die Zeit über unser Leben regiert? Und warum beschäftigt es uns immer wieder auf so unterschiedliche Art und Weise? «Die Uhr, nicht die Dampfmaschine ist die wichtigste Maschine des Industriezeitalters», resümierte einst der amerikanische Kulturkritiker Lewis Mumford.

Die Sonne gibt den Takt vor

Schon vor mehr als 5000 Jahren starrten die Menschen nicht einfach nur hinauf zur Sonne. Sie wunderten sich über ihren Lauf und entdeckten den Schatten, der entsteht, wenn sie auf einen Stock trifft, der im Sand steckt. Und zwar jeden Tag wieder. Diese Beobachtung führte zur Sonnenuhr, der ersten Möglichkeit in der Geschichte der Menschheit, die Zeit zu messen. Erstmals waren damit auch Verabredungen denkbar. Immer ausgefeilter und aufwändiger wurden die Konstruktionen.

Den Babyloniern haben wir unsere Zeiteinteilung zu verdanken, denn sie waren ein Volk der Mathematiker und geradezu besessen von der Zahl 60. Sie lässt sich wie keine andere teilen und ist deshalb so praktisch. Die Babylonier legten fest, dass ein Kreis 360 Grad hat und eine Stunde 60 Minuten. Dass sich der Uhrzeigersinn rechtsherum dreht, liegt daran, dass die Sonnenuhr auf der nördlichen Erdhalbkugel erfunden wurde. Hätten die australischen Ureinwohner daran gefeilt, liefe der Uhrzeigersinn in die entgegengesetzte Richtung.

Aber an dem Hauptproblem konnten diese Sonnenuhren nichts ändern: Sobald es regnete oder die Sonne hinter den Wolken verschwand, wurden sie unbrauchbar. Noch Hunderte von Jahren sollte es dauern, bis die Menschen die nächste Stufe der Zeiterfassung erklommen haben: Sie bauten Wasseruhren, indem sie Löcher in den Boden eines Gefäßes schlugen und das Wasser langsam heraustropfen ließen. Die Ägypter nutzten Alabastergefäße mit einer innen aufgezeichneten Skala und einem einzigen Loch im Boden. Während das Wasser aus dem Loch tropfte, sank der Wasserspiegel von einer Markierung zur nächsten.

Die Wasseruhr hat eine lange und bemerkenswerte Geschichte. Über Jahrtausende war sie das genaueste Zeitmessgerät, wie der amerikanische Autor Robert Levine in seinem Buch *Eine Landkarte der Zeit* schreibt. Sie strukturierte das soziale Leben in den frühen Gesellschaften des alten Rom und Ägypten. Die Redner im Senat mussten sich dem Takt des tropfenden Wassers genauso unterordnen wie Rechtsanwälte, die vor Gericht für ihre Mandanten plädierten.

So verrann die Zeit und einige Jahrtausende lang lebte es sich zumindest in dieser Hinsicht gemütlich. Man konnte die Zeit in gewissem Maße nachvollziehen, aber alles war noch so hoffnungslos ungenau, dass daraus noch keine Tyrannei der exakten Zeiteinteilung wurde, wie Herr Fusi sie nach seinem Deal mit der Zeitsparkasse erlebt. Und trotzdem machten sich die Menschen schon früh Gedanken über die Zeit und über den richtigen Umgang mit ihr. Oft zitiert ist der christliche Philosoph Augustinus, der zwischen 354 und 430 lebte. Unvergessen sein Grübeln in seinen *Bekenntnissen* darüber, wie schwer die Zeit zu fassen ist: «Was also ist die Zeit? Wenn niemand mich danach fragt, weiß ich's, will ich's aber einem Fragenden erklären, weiß ich's nicht.»

Damals war es weniger die Zeiteinteilung als vielmehr die Ungenauigkeit, die die Menschen vor echte Probleme stellte. Es war schwer, das Zusammentreffen der Menschen zu koordinieren, deshalb fanden alle wichtigen Aktivitäten zum Sonnenaufgang statt, an dem sich jedermann orientieren konnte, Duelle oder Schlachten zum Beispiel. Das änderte sich erst mit der Religion, ausgerechnet. Dieser Umstand entbehrt nicht einer gewissen Ironie, schließlich sind es in unserer Zeit vor allem die Religionsgemeinschaften, die dem Terror der ständigen Erreichbarkeit am entschiedensten entgegentreten. Doch es waren die Mönche im späten 13. Jahrhundert in England, die mit dem ersten mechanischen Zeitmesser etwas erfanden, das unserer heutigen Uhr am nächsten kommt. Es waren mit Gewichten angetriebene Geräte, ohne Zifferblatt, aber mit Glocken. Aus dieser Zeit kommt auch der englische Begriff für Uhr, «clock», er stammt vom mittelhochdeutschen Wort «clocke» ab. Die frommen Mönche brauchten etwas, woran sie sich für ihre Gebete orientieren konnten. Dazu wollten sie wissen, wann die Zeit gekommen war, um sich Gott zu widmen, auch und gerade mitten in der Nacht. So fand diese Zeitmessung Eingang in die Gesellschaft.

Noch immer allerdings war die Zeitmessung eine Sache der Experten, den klügsten Köpfen des Landes vorbehalten, vornehmlich Astronomen und Mathematikern. Die Bevölkerung interessierte das wenig. Das war auch kein Wunder, sie hatte schließlich kaum Zugang zu Uhren. Noch einmal dauerte es lange, bis zur Erfindung der Feder im 15. Jahrhundert, bis die Uhr zu einer Art Gebrauchsgegenstand wurde und herumgetragen werden konnte. Erst das brachte die Zeit überhaupt in die privaten Haushalte.

Mit einer exakten Zeiteinteilung hatten diese Uhren noch wenig zu tun, nach heutigen Maßstäben gingen sie hoffnungslos ungenau. Das änderte sich erst im 17. Jahrhundert, und diese Entwicklung haben wir Galileo Galilei und dem holländischen Astrologen Christiaan Huygens zu verdanken. Während einer Messe kam Galilei der Gedanke, dass es einen Zusammenhang zwischen der Amplitude einer Pendelschwingung und der Schwingungsdauer geben könnte. Durch den kraftvollen, gleichmäßigen Takt ließ sich die Zeit wesentlich genauer bestimmen als bisher. Gebaut hat Galilei die Uhr allerdings nie. Das war erst Jahrzehnte später dem Astrologen Huygens vorbehalten. Die Erfindung erwies sich als geradezu monumental, es war der größte Durchbruch in der Zeitmessung überhaupt. Denn mit seiner Pendeluhr konnte der Niederländer die Genauigkeit einer Uhr auf zehn Sekunden pro Tag verbessern.

Von einem Diktat der Zeit konnte aber noch immer keine Rede sein, denn es fehlte schlicht an einer einheitlichen Zeit. Ohne Synchronisierung verfehlte der Fortschritt seine Wirkung, jede Uhr tickte irgendwie anders. Man orientierte sich mittags an dem höchsten Stand der Sonne, und der fiel naturgemäß an jedem Ort unterschiedlich aus. So gab es selbst zwischen Nachbardörfern keine gemeinsame Zeit. Störend wurde dieser Umstand auch erst, als die Menschen mobiler wurden, Reisende mussten ständig ihre Uhr stellen. In der Station Buffalo, im amerikanischen Bundesstaat New York, hingen drei verschiedene Uhren: eine für die lokale Zeit und zwei für die beiden Eisenbahnlinien, die dort verkehrten.

So kann man zwar gut leben, aber nur schwer Handel treiben. Und erst recht keine Eisenbahngesellschaft managen mit einem immer komplizierter gestalteten Fahrplan. Es musste eine Vereinheitlichung her, ein Zeit-Standard, dem sich alle anderen unterordneten, anders war die fortschreitende Industrialisierung nicht zu organisieren. Die Standardisierung hielt überall Einzug und spannte sich über den ganzen Globus. In einer internationalen Meridiankonferenz legten Delegierte aus 25 Ländern 1884 in Washington die Weltzeit *(standard time)* mit ihren 24 Zeitzonen fest.

Was uns heute selbstverständlich vorkommt, die Standardisierung der Zeit, kam zum Ende des 19. Jahrhunderts einer unglaublichen Zumutung gleich. Der Protest ließ nicht lange auf sich warten, die Gegner befürchteten Bevormundung und eine neue Tyrannei. Es galt als große Dummheit, sich den Bedürfnissen der Eisenbahn anzupassen. Die Uhrzeit ging den Menschen schon damals an ihr Privatestes. Den Fortschritt konnte dieses Lamento indessen nicht aufhalten. Heute steht außer Frage, dass die industrielle Revolution des 19. und des 20. Jahrhunderts die Beschleunigung in einer Art und Weise vorangetrieben hat, die kaum jemand vorhergesehen hätte.

Die Skepsis bei den Menschen war groß, aber die Arbeitgeber in der Privatwirtschaft waren geradezu besessen von dem Gedanken der Zeitmessung und ihrer Aufzeichnung. Da war es nur ein kurzer Weg zur Erfindung der Stechuhren, mit denen sich die Arbeitszeit genau aufzeichnen ließ. Was war das für ein Durchbruch, so tönte es jedenfalls von den Unternehmen, die sie herstellten. Schon damals waren die Marketinganstrengungen enorm: Mit den Stechuhren ließen sich «Geld sparen, die Disziplin fördern und die tatsächliche Arbeitszeit steigern», hieß es etwa in einem Katalog der International Time Recording Company von 1914, den Robert Levine in seinem Buch zitiert. Eine solche Aufzeichnung führe zu mehr Pünktlichkeit, weil sie jedem Einzelnen den Wert der Zeit deutlich mache. «Es gibt nichts Schädlicheres für die Disziplin einer Firma und nichts Katastrophaleres für ihre ruhige, gewinnbringende Arbeit als eine Gruppe von Menschen, die nicht regelmäßig da ist, die zu spät kommt und zu den seltsamsten Zeiten die Fabrik verlässt», war in einer anderen Broschüre zu lesen.

Der amerikanische Arbeitsforscher Frederick Winslow Taylor brachte die Begeisterung für die Zeitmessung Anfang des 20. Jahrhunderts mit seiner Idee vom wissenschaftlichen Management zum Höhepunkt. Die Uhr nutzte er für absolute Effizienz. Jeder Handgriff in der Produktion wurde gemessen, um zu einer vollkommen normierten Standardzeit für jeden einzelnen Arbeitsschritt zu gelangen. Es war der Beginn einer Rationalisierungswelle, die unter dem Schlagwort des Taylorismus später heftig kritisiert wurde. Die Idee der Standardzeit wurde auf die gesamte Fabrik übertragen. Wenn die Arbeiter mit einem Auftrag begannen oder ihn fertigstellten, mussten sie ihre Lochkarte in eine Uhr stecken. Die Karten wurden in einem zentralen Planungsbüro gesammelt, wo die abgeleistete Zeit mit dem offiziellen Standard verglichen wurde.

Herr Fusi im Burnout

Der Protest gegen das Zeitdiktat hielt sich über die Jahrhunderte, erneuerte sich und nahm ständig neue Formen an. Michael Endes Roman *Momo* ist eine ausgesprochen populäre Gesellschaftskritik. Sie ist wesentlich grundsätzlicher und abstrakter als das, was wir heute vielfach diskutieren. Sie setzt direkt am Kapitalismus an, der in den Augen der Kritiker mit seinem Streben nach Rationalisierung und Leistung geradewegs in die Zeitfalle führt. Damit legt Michael Ende den Fokus auf die gesellschaftlichen Auswirkungen; ihn interessierten die Konsequenzen für die

Gesellschaft insgesamt. Und auch nur im Generellen, im Kampf gegen den Kapitalismus, suchte er nach Lösungen. Heute werden die Auswirkungen auf den Einzelnen intensiv analysiert und man diskutiert, was die ganze Hektik bei den Fusis dieser Welt auslöst. Gesellschaftspolitisch relevant werden diese Überlegungen vor allem dann, wenn sich die Regierung einschalten soll, um neue Arbeitszeitgesetze voranzutreiben, umzuverteilen oder Anreize für andere Lebensformen zu schaffen: Besser Teilzeit für alle als eine 60-Stunden-Woche für wenige.

Nach dem Besuch des grauen Mannes in dem Friseursalon ändert sich das Leben von Herrn Fusi auf eine so dramatische Art und Weise, wie er es in seiner kleinen beschaulichen Existenz niemals für möglich gehalten hätte. Der Traum, endlich «sein» Leben zu führen, ist jetzt noch unerreichbarer als je zuvor. Seine Fokussierung auf das Zeitsparen isoliert ihn, er verzichtet auf die Besuche bei seiner Mutter und geht nicht mehr ins Kino.

Hätte Michael Ende sein phantastisches Märchen nicht Anfang der siebziger Jahre des vergangenen Jahrhunderts, sondern vierzig Jahre später geschrieben, hätte am Ende seiner Geschichte wohl der Burnout mit all seinen Konsequenzen gestanden. Sein Seelenheil hätte Herr Fusi nicht durch Momo gefunden, ein Mädchen in einer viel zu großen Jacke sowie mit einer wandernden Schildkröte an seiner Seite, das den Kampf gegen die grauen Herren ganz allein aufnimmt. Herr Fusi wäre auf sich selbst zurückgeworfen, hätte sich durch Meditation und Achtsamkeit gerettet sowie durch die Rückbesinnung auf die eigenen Bedürfnisse. Sich selbst am Schopf aus dem Sumpf zu ziehen ist allerdings wesentlich anstrengender, als sein Schicksal einer Märchengestalt zu übergeben, die in *Momo* am Ende die Menschheit vor den Zeitdieben rettet. Das müssen wir heute alleine schaffen, und das macht es so schwierig.

Ein Tag

VOLLER
ARBEIT

ist noch lange

Kein Stress.

2. Kapitel: Schöne neue Arbeitswelt

Die Hektik des Lebens hat viel mit der Arbeit zu tun. Den Großteil unserer Zeit verbringen wir dort, auf dem Weg dorthin oder wieder zurück. Und oft finden wir, dass es zu viel Zeit ist, auch wenn das objektiv vielleicht gar nicht stimmt. Wenn Menschen gefragt werden, wie es ihnen geht, läuft es häufig auf die Antwort hinaus: «Viel zu tun.»

Weil wir wissen möchten, warum das so ist, knöpfen wir uns Amazon vor. Nicht, weil die Arbeitsbedingungen dort besonders miserabel sind und sich die Menschen ständig überfordert und ausgebeutet vorkommen. Sondern weil es dort zugeht wie in vielen anderen Betrieben auch: kostenoptimiert und effizient. Nur hat Amazon das System zur Perfektion getrieben, deshalb ist der amerikanische Konzern so interessant.

Wir fahren also zum «Amazon-Fullfillmentcenter» nach Koblenz, dort werden alle Träume wahr, jedenfalls die der Kunden. Hier stoßen wir auf Norbert Faltin. Er ist Mitte fünfzig, hat kurze, braune Haare mit einer erstaunlich haltbaren Föhnwelle über der Stirn, fröhliche Augen und eine unkomplizierte, fast schon überschwängliche Art. Seine Statur ist kompakt, weil er Spätburgunder und Käseplatten liebt. Einer von 1900 Mitarbeitern ist er hier am Standort und so weit geschult, dass er universell einsetzbar ist, wahlweise als «Picker» oder als «Packer» – das sind die wichtigsten Funktionen in der gigantischen Lagerhalle.

Bei dieser Arbeit ist der treueste Begleiter ein kleiner schwarzer Handscanner, den Norbert nur liebevoll «Georgy» nennt. Mit diesem Gerät scannt er die Strichcodes an den großen Paketen, die unablässig in der gigantischen Lagerhalle eintreffen. Er scannt die Strichcodes an den Waren, die in den Paketen liegen. Er scannt die Regale, in die er die Waren legt. Und nicht zuletzt scannt er sich selbst, über die Firmenkarte, die ihm um den Hals baumelt. Damit Amazon immer weiß, wann Norbert welches Paket in den Händen hält und wo er es hinlegt.

«Georgy» ist kein zufällig ausgewählter Kosename für ein ansonsten belangloses Gerät. Norbert hat ihn, wie er lachend berichtet, nach George Orwell benannt, dem Verfasser des düsteren Zukunftsromans *1984*, der berühmtesten Dystopie zur Komplettüberwachung. Das ist nur auf den ersten Blick ein Witz. Mit Georgy kommt Amazon dieser Komplettüberwachung ziemlich nahe.

Dank Georgy weiß Amazon nicht nur, welche Pakete durch Norberts Hände gehen, sondern auch, wann er mal länger nichts tut. Weil er mal austreten oder sich kurz ausruhen muss. Dann wird Georgy unruhig und fängt an zu piepen, um die Chefs zu alarmieren. Die müssen wissen, wenn es hakt, vor allem technisch. Beschleunigung ist hier oberste Arbeitnehmerpflicht: «Work hard – have fun – make history» ist die Unternehmensphilosophie. Das trifft nicht den Zeitgeist von Mitarbeitern wie Norbert. Er springt nicht mehr ganz so agil zwischen den Regalreihen umher, wie seine zwanzig Jahre jüngeren Kollegen, die sich manchmal wahre Rennen liefern. Die sich einen Spaß daraus machen, sich gegenseitig zu übertrumpfen und neue Rekorde aufzustellen.

Da kriecht der Stress schon beim Zuhören den Rücken hinauf und setzt sich im Nacken fest, wo der Verspannungskopfschmerz seinen Ursprung hat. Denn ein bisschen Amazon ist inzwischen überall. «Beschleunigung» ist zwar nicht das Wort, das die Arbeitgeber in den Mund nehmen, die kommt nur beim Mitarbeiter an. Chefs reden von «Effizienz», «Synergien» und «Produktivität». Amazon ist nicht allein, viele Logistikunternehmen machen es genauso. Es gibt kaum mehr einen Lastwagenfahrer, dessen Unternehmen nicht genau wüsste, wo er mit seinem Lkw gerade ist. Und jeder Maschinenbauer weiß, wo sich ein bestimmtes Fertigungsteil im Herstellungsprozess befindet. So kann er auch die Leistung der Mitarbeiter genau kontrollieren.

Auch Büromenschen sind vor Überwachung zur Effizienzsteigerung nicht gefeit: Wer sich in das Firmennetzwerk einloggt, hinterlässt Spuren darüber, wann er sich zwischendrin mal bei Facebook abgelenkt oder auf eBay Einkäufe erledigt hat. Es hat sich eine ganze Industrie gebildet, die Time-Tracking-Software herstellt, um die Bildschirmzeit von Mitarbeitern zu überwachen. Sie sollen während der Arbeitszeiten nicht in die Tiefen des Internets abtauchen. Diensthandys liefern detaillierte Verbindungsdaten, und E-Mail-Programme verzeichnen minutiös, wann eine Nachricht eingetroffen, gelesen und schließlich beantwortet wird. Amazon hat das System nur am schnellsten zur Perfektion getrieben – so sieht die Zukunft der Arbeit aus.

An den Arbeitszeiten liegt es nicht

Um mit einem weitverbreiteten Missverständnis aufzuräumen: Die Belastung liegt nicht etwa in abartigen Arbeitszeiten, die kaum mehr Spiel für Erholung oder gar Freizeit lassen. Wir arbeiten heute nicht mehr, sondern weniger als früher. 1890 arbeiteten die Menschen in den USA 100 Stunden in der Woche, erst langsam wurde die Arbeitszeit reduziert, damit die Menschen mehr Zeit zum Einkaufen hatten. Das kurbelt die Wirtschaft an. Auch in den Jahren des deutschen Wirtschaftswunders, in den fünfziger Jahren nach dem Zweiten Weltkrieg, wurde lange gearbeitet, der Samstag war bis in die sechziger Jahre hinein ein normaler Arbeitstag.

Das änderte sich erst, als die Gewerkschaften mit dem Slogan «Samstags gehört Vati mir» in den Arbeitskampf zogen. Die Wochenarbeitszeit betrug 1960 durchschnittlich 44,6 Stunden. 40 Jahre später sind es sechs Stunden weniger geworden. Und die Überstunden? Noch in den siebziger Jahren hatte jeder Beschäftigte 157 Stunden Mehrarbeit im Jahr angehäuft. Heute sind es durchschnittlich 47, wobei die Menge von Berufsgruppe zu Berufsgruppe variiert. Und dann erst der Urlaub: 1960 gönnten Arbeitgeber ihren Mitarbeitern zwei Wochen im Jahr, inzwischen sind wir bei durchschnittlich fünf Wochen bezahltem Urlaub. Selbst in höheren Etagen sind «Sabbaticals» nicht mehr verpönt. Wer eine Kreativpause braucht, kann so auch eine längere Auszeit nehmen.

Wenn es nicht die schiere Zahl an Arbeitsstunden ist, die

uns geradewegs in die Zeitnot treibt, dann ist es wohl eher die Art und Weise, wie wir sie verbringen. Allerdings ist selbst bei Amazon der Stress nicht offenkundig. Kein Mitarbeiter rennt hier keuchend durch die Gänge, kurz vor der Erschöpfung, auch Norbert nicht. Jeder läuft zügig von Station zu Station, von Hektik keine Spur. Und das ist auch kein Wunder: Die Amazon-Mitarbeiter legen in den großen Lagerhallen viele Kilometer am Tag zurück; einen Marathon rennt auch niemand mit Höchstgeschwindigkeit. Der Druck ist subtiler: Bleibt Georgy minutenlang untätig, löst er einen Alarm aus. Dann kommt der Manager und erkundigt sich freundlich. Jedenfalls sorgt das System automatisch dafür, dass die Klopause nicht zu lange ausfällt.

Dabei geht es Georgy gar nicht vornehmlich darum, Norbert und seine Kollegen pausenlos zu tyrannisieren und auf Höchstleistung zu trimmen. Georgy will etwas anderes. Amazon ist ein gigantischer Umschlagplatz für Waren aller Art: Bücher, elektronische Zahnbürsten, Tablet-Computer, auch Dosensuppen kommen durch das große Tor der Lagerhalle hinein. Diese Pakete müssen ausgepackt, eingescannt und in den Regalen verstaut werden. Die totale Kontrolle spart Geld, Zeit und Stauraum. Denn wegen Georgy muss es nun keine festen Plätze mehr für den Stapel CDs geben, es herrscht das perfekt kontrollierte Chaos, das auch Norberts Leben einfacher macht. Den frisch gelieferten Fernseher muss er nicht mehr in die Abteilung «Elektronische Geräte» an dem einen Ende der Halle bringen. Diese Abteilung gibt es gar nicht mehr. Er kann ihn jetzt geradewegs zwischen Hundefutter und Computertaschen stellen, überall dorthin, wo Norbert ge-

rade ein Plätzchen findet. Solange nur Georgy dem Lager-
computer sagen kann, wo der Fernseher gerade steckt. Das
Versandhandelszentrum in Koblenz ist so groß wie 17 Fuß-
ballfelder und trotzdem weiß Amazon zu jeder Zeit, wo
sich der Fernseher gerade befindet.

Hat ein Kunde diesen Fernseher im Internet gekauft,
sagt der Computer wiederum Norbert, wo er ihn wieder
einsammeln kann. Dann sucht Norbert ihn, verpackt ihn
und schickt ihn zum anderen Tor wieder hinaus. Das ist der
Moment, in dem Amazon stolz verkünden kann: «Ihre Be-
stellung ist auf dem Weg zu Ihnen.» Und das am besten
schon kurz, nachdem sie aufgegeben wurde.

Dass Georgy so auch weiß, wann Norbert seine Pausen
macht, ist gewissermaßen ein Abfallprodukt, wenn auch
ein willkommenes. Amazon ist ein Paradies der schönen
Dinge, es wird viel geklaut. Auch das lässt sich eindämmen,
wenn man weiß, wer, wann, wo was getan hat. Das ist effektiver als ein Klaps auf die Langfinger.

Es gibt Menschen, die brauchen genau das: klare An-
sagen und die Möglichkeit zum Vergleich. Das treibt sie zu
Höchstleistungen an. Der Wettbewerb ist ihr Element, jedenfalls so lange sie in ihm bestehen können. Sie fühlen
sich gut, wenn sie mehr schaffen als gestern und vor allen
Dingen mehr schaffen als die Kollegen. Andere treibt das
buchstäblich in den Nervenzusammenbruch, weil sie sich
schwach und langsam fühlen und dabei nicht auf Schritt
und Tritt beobachtet werden wollen. Viele hadern damit,
dass sie nicht selbst darüber bestimmen können, wie und
wann sie ihre Arbeit tun können. Weil sie sich einem
fremden Takt unterwerfen müssen und keinen Ausweg

daraus finden. Der Mangel an Kontrolle löst eine Stress-reaktion aus, schreibt der Wissenschaftsjournalist Stefan Klein in seinem Buch *Zeit. Der Stoff, aus dem das Leben ist.*

Die Krux der Heimarbeit

In vielen anderen Unternehmen geht es übrigens anders, aber nicht weniger stressig zu. Ein großer Umsturz ist die «Vertrauensarbeitszeit», die überall um sich greift. Es wird kaum mehr festgelegt, wer wann und wo arbeitet. Wichtig ist dann nur, dass die Arbeit überhaupt erledigt wird. Viele Unternehmen verfahren inzwischen so, insbesondere in Bereichen, in denen es sehr kreativ oder technisch zugeht. Dort hat die Stechuhr ausgedient, die Arbeitszeit wird gar nicht mehr erfasst. Das Problem ist dort ein anderes: In die-sem Modell ist Leerlauf aus Sicht des Chefs tödlich. Wenn die Arbeitnehmer früher ihre Däumchen drehten, wusste der Chef wenigstens, wo: im Büro. Das ist die Sicherheit, die der Chef brauchte. Jetzt sind die einzige Kontrollins-tanz die Erfolgsziele, die der Vorgesetzte festlegt und die erfüllt werden müssen. Am Ende des Jahres wird abgerech-net. Allerdings hängt die Erfolgsaussicht davon ab, dass die Ziele realistisch, am besten noch individuell formuliert werden.

Viel flexibler als früher können wir entscheiden, wann und wo wir arbeiten. Häufig zu Hause im «Home-Office». Für das gibt es nicht einmal eine treffende deutsche Über-setzung, schon gar nicht die «Heimarbeit», so verankert ist der internationale Arbeitsstil in unserem Leben. Oder wir arbeiten im Café oder von unterwegs. Klingt gut, bedeutet aber zusätzlichen Aufwand, nicht zuletzt für die Organisation und die ständige Erreichbarkeit. Nicht jedem liegt das, nicht für jeden ist das sinnvoll. Das sollte man wissen, wenn man das Loblied der Flexibilität anstimmt.

Norbert hat seine Vorbehalte gegen zu viel Flexibilität; auch Amazon möchte so flexibel wie möglich sein. «Flexibilität bedeutet eigentlich: Der Arbeitnehmer muss immer da sein, wenn der Markt es verlangt», sagt Norbert lakonisch. Auch sonntags. Er macht eine Pause und nickt bedeutungsvoll. «Das ist die amerikanische Rund-um-die-Uhr-Gesellschaft.» Das Internet kennt kein Ladenschlussgesetz. Wohl aber das deutsche Arbeitsrecht. Die Sonntagsarbeit wurde Amazon gerichtlich untersagt.

Das sind die kleinen Erfolge, die Norbert zufrieden machen. Vom Burnout ist der Mann weit entfernt – weiter, als er es früher einmal war. Sein Vorteil: Er weiß, dass Amazon in vielerlei Hinsicht unerbittlich ist, aber er kann damit umgehen. Er weiß, was er an Amazon hat. Umgekehrt auch. Norbert hat schon eine Karriere hinter sich, er war Prokurist bei einem großen Technikunternehmen und Geschäftsführer eines Kongresshallen- und Gaststättenverbands. Das war vor seinem Zusammenbruch. Dann verlor er seinen Führerschein, seine Arbeit und seine Frau und musste wochenlang in die Reha, um sich wieder hochzupäppeln. Dort hat er, beim Schattenboxen, dem chinesischen Kampfsport Tai-Chi, gelernt, niemanden näher als eine Armlänge an sich heranzulassen.

Danach schrieb er fünfzig Bewerbungen, allesamt erfolglos, und musste zum ersten Mal in seinem Leben zum «Arbeitsamt». So heißen die modernen, auf Kundenfreundlichkeit getrimmten Jobcenter schon lange nicht mehr, aber für Norbert sind sie das noch immer. Mit 48 Jahren kam er dorthin und stieß so auf Amazon. Weil dort Flyer auslagen mit dem Bonmot: «Unterstützt den Weihnachtsmann.» Amazon als Weihnachtsmann, diese Art von Humor liegt Norbert. Ausgerechnet der amerikanische Konzern war seine Rettung – Ironie des Schicksals. Bei Amazon ist er jedenfalls noch nie zusammengebrochen, auch nicht, als er anfangs monatelang frühmorgens in der riesigen Lagerhalle in Bad Hersfeld schuften musste. Als einer der vielen Wanderarbeiter stieg er um halb fünf schon in den Bus, damit er um 6 Uhr morgens mit seiner Schicht anfangen konnte. Mit sechs Leuten wohnte er in einem Appartement im Ferienpark. Heizungen gab es dort nicht; ursprünglich war nicht vorgesehen, die Wohnungen auch im Winter zu belegen. Wer sollte dort in der Kälte schon Urlaub machen? Dann kam Amazon und stellte einen kleinen Holzkohleofen in die Wohnung. Diese Zeit hört sich an wie die pure Ausbeutung, die Medien liefen damals Sturm gegen diese Art des Arbeitseinsatzes. Doch noch heute erzählt Norbert so lebhaft von dieser Zeit, als wäre er gerade aus dem Zeltlager zurückgekehrt.

Das hat viel mit ihm und seinem Werdegang bei Amazon zu tun. Er hat sich hochgearbeitet, wenn man so will. Nicht ins Management, aber in eine Position, in der er etwas bewirken kann. Das bringt seine Rolle als Betriebsrat mit sich. Er kümmert sich um das betriebliche Gesundheitsmanagement, auch das gibt es bei Amazon. Oder um opulente

Sommerfeste, wo er den Kollegen etwas bieten kann, auf Kosten des Unternehmens. Dafür bekommt er ordentlich Anerkennung, sogar von ganz oben.

Nichts gegen Stress

Womit wir beim nächsten Paradox der Arbeitswelt wären: Ein Tag voller Arbeit ist noch lange kein Stress. Deshalb ist die Stressforschung so ein beliebtes Betätigungsfeld von Wissenschaftlern unterschiedlichster Couleur. Warum viel Arbeit auch gut sein kann? Weil wir lieber herumlaufen, als ständig ganze Tage lang im Bett zu liegen. Die Menschheit hat sich unaufhörlich weiterentwickelt, Fortschritt liegt uns im Blut. Deshalb lieben wir Produktivität. Das erleben die meisten Rentner, wenn sie endlich die lang ersehnte Zeit der Ruhephase erreicht haben und plötzlich vollbeladen von all der freien Zeit in ein Loch fallen. Das erleben Arbeitslose, die lange keine Aufgabe haben.

Voll ausgelastet ist man inzwischen in allen Schichten. Das war früher anders: Jahrhundertelang mussten Arbeiter in der Kohlemine rackern bis zum Umfallen, daran konnten erst lange und blutige Arbeitskämpfe etwas ändern. Nur die Oberschicht ließ es sich gut gehen. Und sie legte auch Wert darauf, dass das alle anderen mitbekamen. Müßiggang war eine Zier. In längst vergangenen Tagen, zu Zeiten des *Großen Gatsby*, war Status allein eine Frage des Geldes, die einzige Aufgabe eine sinnvolle Freizeitgestaltung. Inzwischen ist Status eine Frage des Geldes plus Position plus vollem Terminkalender. Aufgaben delegieren zu können ist eine hohe Kunst und kostet Zeit. Außerdem wohnt dem Arbeitsauftrag auch immer der Verdacht inne, man habe seine Aufgaben nicht im Griff. Einige können deshalb gar nicht loslassen.

Im 20. Jahrhundert haben gut ausgebildete Mitarbeiter in gehobenen Positionen ihr Arbeitspensum stets ausgeweitet. Nur wer seine Aufgaben ordentlich erfüllt, kann sich selbst und der Welt zeigen, dass er es draufhat. Zeit spielt dabei eine entscheidende Rolle, in mehrfacher Hinsicht. Der überfüllte Terminkalender ist ein Hinweis auf Wichtigkeit. Ein anderer ist die Produktivität, und die misst sich in der modernen Leistungsgesellschaft bekanntlich in Erfolgen pro Zeiteinheit. Je mehr wir schaffen in immer kürzerer Zeit, desto produktiver sind wir. Ein gutes Gefühl, das sich allerdings manipulieren lässt: Je beschäftigter wir sind, desto mehr glauben wir, dass wir auch tatsächlich produktiv sind.

Deshalb kann viel Arbeit auch Genugtuung bringen. An einem Tag, an dem wir früh aufstehen müssen und ein Termin den anderen jagt, an dem wir vollgedröhnt werden von neuen Erkenntnissen, kann sich am Abend ein Zustand vollkommener Zufriedenheit einstellen. Vorausgesetzt, es hat alles geklappt. Beschäftigt zu sein steigert die Motivation. Wer beschäftigt ist, hat das Gefühl, effektiv zu arbeiten, selbst wenn er eine wichtige Frist verpasst.

Und doch gibt es Probleme: Nicht umsonst zeigen Studien, dass selbst Menschen, die ihren Job als zutiefst gewinnbringend empfinden, ihn als die am wenigsten vergnügliche Aktivität begreifen. Warum das so ist? Weil sich nicht nur ein Zustand der Zufriedenheit einstellt, sondern auch das Gefühl des Versagens, sobald ein Ziel nicht erreicht wurde. Stress entsteht dann, wenn wir die Kontrolle verlieren.

Das kann schon früh am Morgen anfangen, wenn wir zu spät aus dem Haus kommen und unseren Zug verpassen. Die ganze schöne Planung für die Dienstreise ist dann Makulatur. Der nächste Zug kommt eine ganze Stunde zu spät an. Insgeheim schwören wir uns, es endlich so zu machen, wie es all die gut organisierten Kollegen schon immer machen: einen Zug früher nehmen. Doch dafür ist es jetzt zu spät. Atemlos müssen wir herumtelefonieren, lassen uns fadenscheinige Begründungen einfallen, um die Termine zu verschieben. Das ist der totale Kontrollverlust, und der treibt den Stresslevel in die Höhe – alles so unnötig.

Der Kontrollverlust überwältigt Arbeitnehmer auch dann, wenn sie eine Frist versäumen. Das ist das Versagen in seiner Reinform – übrigens selbst dann, wenn man sich die Frist zur Disziplinierung selbst gesetzt hat. Es dauert überraschend lange, um sich von dieser Enttäuschung zu erholen. Deshalb arbeiten Mitarbeiter danach häufig langsamer, sogar langsamer als Mitarbeiter, die nicht mit einer Deadline zur Eile angetrieben wurden. Dann hätte man sie sich allerdings auch gleich sparen können.

Doch es gibt einen Weg aus diesem Loch. In diesen Situationen hilft das Gefühl, beschäftigt zu sein und seine Zeit effektiv zu nutzen, über die Enttäuschung hinweg. Wer gleichzeitig noch andere Aufgaben hat und sich damit voll ausgelastet fühlt, kann ganz gut damit leben, dass er mal die Latte reißt. Gut beschäftigt zu sein vermittelt das Gefühl, dass man die Probleme im Griff hat, wie eine Studie von

Forschern von der Columbia-Universität in New York zeigt.

Wer das versteht, hat es leichter im Arbeitsleben. Erfolgreiche Menschen sind womöglich schlicht besser darin, ihr eigenes Versagen zu managen und schließlich zu ignorieren. Der Impuls, nach einem Desaster die Hände in den Schoß zu legen, ist zwar nachvollziehbar, aber absolut falsch. Auch die Last der Aufgaben ins Unermessliche zu erhöhen ist keine Lösung. Das führt geradewegs in die Überforderung. Viel besser läuft es anders: Aufgaben in viele kleine zu unterteilen erhöht die gefühlte Geschäftigkeit, ohne sich noch mehr Arbeit aufzuhalsen. Dann wiegt das Gefühl des Versagens auch nicht so schwer, wenn einmal etwas danebengeht.

So schön kann Arbeit sein

Wie wohl man sich mit viel Arbeit fühlt, kann man an Margarete Zülch sehen. Die vornehme Dame, Jahrgang 1922, arbeitete ihr ganzes Leben lang in ihrem Kaffeegeschäft, Wacker's Kaffee, das einst ihrer Mutter gehörte, dann ihr und jetzt ihren Kindern. Dieser Laden ist in Frankfurt eine Legende, weil er einer der ältesten in der Stadt ist, und wohl auch, weil man ihm das ansieht. Mitten am Kornmarkt liegt er, unweit der Einkaufsmeile Zeil. Ein bisschen scheint er in den goldenen fünfziger Jahren des Wirtschaftswunders stecken geblieben zu sein. Direkt am Eingang stapeln sich die Leinensäcke voller Kaffeebohnen auf der einen Seite, auf der anderen die Schokoladentafeln. Auf der Ladentheke kündet eine goldverzierte Waage mit üppiger Schale davon, dass man hier schon seit mehr als 100 Jahren auf immer gleiche Weise den Kaffee abmisst.

Tatsächlich hat sich viel geändert, nur eines nicht: Zeit hatte Margarete Zülch eigentlich nie, das bringt das Unternehmerdasein so mit sich. Jahrzehntelang stand sie jeden Morgen um 7 Uhr im Geschäft und ging oft erst gegen 20 Uhr, wenn der Laden aufgeräumt war. Sechs Tage die Woche. Für ein längeres Schwätzchen mit den Kunden hatte sie selten Zeit, anders als noch ihre Mutter, die bekannt dafür war, dass sie jeden ihrer Kunden kannte, weil sie so gerne plauschte. Das lag in ihrem Naturell. Stattdessen drückte sich Margarete Zülch an den Pumpen der alten Kaffeemaschine die Hände wund, um das heiße Wasser so schnell wie möglich durch das Kaffeesieb zu drücken. Denn die Schlange vor dem kleinen Geschäft am Kornmarkt war schon immer lang, damals wie heute, und reichte oft bis weit auf den Bürgersteig hinaus.

Die Kundschaft selbst hat sich inzwischen jedoch sehr gewandelt. Früher schauten viele Stadtbeamte vorbei, auf dem Weg in Frankfurts Rathaus, den Römer. Jetzt sind es viele Anwälte und Banker. Sie strömen mittags aus den unzähligen Wirtschaftskanzleien und Banktürmen in der Nachbarschaft. In der langen Schlange verkürzen sie sich die Wartezeit mit ihren Smartphones, manche stehen so unablässig mit gesenktem Haupt da, dass sie ihrem Umfeld kaum Beachtung schenken. Ihre Arbeit haben sie auch in ihrer Pause fest im Blick – so lange, bis sie an der Reihe sind. Mit dem Ergebnis, dass die Arbeitszeit eine unförmige Gestalt annimmt, von der unklar ist, wo sie beginnt und wo sie endet – und ob die Freizeit noch einen Platz darin hat.

Mit dem technischen Fortschritt kamen die Annehmlichkeiten. Schon seit Jahren müssen weder Margarete Zülch noch ihre Kinder den Kaffee mit Handpumpen in die Tassen drücken. Was für ein Segen: Jetzt hängen sie das Sieb ein, schieben eine Tasse darunter und drücken ein paar Knöpfe, dann rauscht der dunkle, dampfende Kaffee in das Gefäß. Doch der technische Fortschritt brachte auch die Gleichzeitigkeit in unsere Welt. Oder präziser: die Leistungsverdichtung. Jede Sekunde soll sinnvoll genutzt werden.

Viel Leerlauf kam früher dadurch zustande, dass Dinge nacheinander erledigt wurden und eben nicht gleichzeitig. Ein Brief wurde geschrieben und abgeschickt, dann ließ man die Sache auf sich beruhen, bis die Antwort kam. Schon die Einführung des Telefons änderte dies, noch effizienter ist der Austausch mit der E-Mail geworden.

Auch die Frankfurter Grande Dame des Kaffees, Margarete Zülch, hatte zwar nie wirklich Zeit, aber hat darunter auch nicht sonderlich gelitten. Für sie war immer schon klar, wo die Arbeit beginnt und wo sie endet: in ihrem Kaffeegeschäft am Kornmarkt. Über Zeitmangel nachgedacht hat sie nie. Sie versteht noch nicht einmal die Frage, ob sie gerne mehr Zeit für sich gehabt hätte. «Wozu?», fragt sie dann zurück. «Ich habe doch immer gern gearbeitet!»

Das können auch heute noch viele von sich behaupten. Denn viele Arbeitsplätze sind interessanter und anspruchsvoller geworden, das treibt unseren Ehrgeiz und unseren Stolz an. Arbeit ist nicht nur Arbeit, sondern das, was uns ausmacht. Geht etwas schief, geht es uns an die Ehre. Wir sagen dann nicht mehr dickfellig: Es ist ja nur die Arbeit – jetzt sind es wir! Das müssen wir erst einmal verdauen.

All die technischen Möglichkeiten helfen uns nicht nur, sie machen das Leben auch komplexer. Wir können arbeiten, wo und wann wir wollen, aber das bedeutet auch mehr Organisation. Früher machten Menschen wie Margarete Zülch nach Dienstschluss ihre Büro- oder ihre Ladentüre zu und widmeten sich mit ganzem Herzen anderen Dingen. Heute lässt uns die letzte Besprechung nicht mehr los, nicht nur weil wir uns über die Kollegen ärgern, sondern weil im Nachgang all die Arbeitsaufträge eintrudeln, auch spätabends. Die Arbeit können wir überall mit hinnehmen – und tun das dank Smartphone auch buchstäblich bis ins Bett. Ein kurzer Blick in die E-Mails kann uns danach noch stundenlang beschäftigen. Dadurch bekommen wir das Gefühl, dass wir ständig in Aktion sind und immer unter Strom, selbst wenn der Blick auf die nackten Arbeitszeiten etwas anderes sagt.

Das Rad zurückdrehen können wir nicht – und wollen es auch gar nicht. Doch das bedeutet noch lange nicht, dass die Arbeit die Regie über unser Leben übernehmen darf. Dafür müssen wir allerdings schon selbst sorgen, und das erfordert mehr Selbstdisziplin, als viele glauben. So wie früher nach Dienstschluss die Tür zum Büro zuging und das Licht erlosch, sollte auch heute keiner mehr die Verpflichtung spüren, noch E-Mails beantworten zu müssen. Das allerdings muss man üben, immer wieder.

Das *Schönste*
an der
TECHNIK
ist der
Aus-Schalter.

3. Kapitel: Technik, die entgeistert

Tiffany Shlains Markenzeichen ist ein Hut mit breiter Krempe. Sie trägt ihn tief im Gesicht, von ihren langen, blonden Haaren ist dann oft nicht mehr viel zu sehen. Dazu bemalt sie ihren Mund mit einem knallroten Lippenstift und ihre Fingernägel mit knallrotem Nagellack. Sie redet schnell und lacht häufig, dann wieder wird sie nachdenklich und macht lange Pausen, während sie nach Worten sucht, um ihre Gedanken auszudrücken. Als ein solches Gesamtkunstwerk verströmt sie das Flair des Extravaganten und sieht damit genau so aus, wie man sich eine Filmemacherin aus Kalifornien vorstellt.

Ihre Leidenschaft ist der Computer und alles, was damit zusammenhängt. Das ist keine Koketterie von jemandem, der tagein, tagaus unter dem Einfluss des Silicon Valley lebt. Für den Beweis ihrer Technikbegeisterung kann sie tief in ihre Jugend zurückgreifen: Ihr erster Computer war ein Apple Macintosh, sie kaufte ihn in dem Jahr, in dem er auf den Markt kam. Das war 1984, da war sie gerade vierzehn Jahre alt. Inzwischen daddelt sie nicht nur, sie hat ihr ganzes Arbeitsleben und ihre Kunst den neuen Technologien gewidmet, dem Internet und den sozialen Netzwerken, die die ganze Welt miteinander verbinden. Ihre Filme heißen *Connected* und *The case for dreaming*. Schon 1996 schuf sie mit den «Webby Awards» eine Auszeichnung, die als der «Oscar» für die besten Ideen im Internet gilt. Da war das Internet für jedermann gerade einmal fünf Jahre alt. Zwei Jahre später gründete sie die «International Academy of Digital Arts and Sciences». Deshalb ist sie ständig auf der Suche nach etwas Neuem, ach was, nach der Zukunft und vor allem: stets mit der halben Welt in Verbindung. Ihr Mann Ken Goldberg, das kommt noch obendrauf, baut Roboter. Er ist Professor für Robotertechnik an der kalifornischen Berkeley-Universität. In der Familie Shlain gehört die Technik dazu wie ein Hauskater, der ständig um die Beine streift.

Tiffany Shlain ist jüdischen Glaubens, aber sie ist nicht besonders fromm. Sie huldigt eher dem Gott des Internets für all den zwischenmenschlichen Austausch, den er bietet. Für ihre Filmprojekte holt sie sich Inspiration aus der ganzen Welt, bittet Menschen darum, Filmschnipsel, Ideen und Designvorschläge für Plakate einzusenden. Sie ist der festen Überzeugung, dass das Internet Empathie befördert, angefeuert durch das Bindungshormon Oxytocin. Das wurde im prädigitalen Zeitalter noch vor allem dann ausgeschüttet, wenn man jemanden umarmte, mindestens sechs Sekunden lang. Dabei entsteht ein Gefühl der besonderen Verbundenheit und Nähe. Angeblich geschehe das Gleiche, wenn man einen Telefonanruf von einem Freund bekommt, sagt Tiffany, schon eine E-Mail oder eine Textnachricht von einer nahestehenden Person reichten aus. Deshalb will man immer mehr davon, checkt noch vor dem Schlafengehen seinen Twitter-Account und die Facebook-Seite und tut das Gleiche noch vor dem Aufstehen am nächsten Morgen. Vielleicht hat ja jemand den Kommentar zur Fußball-WM «geliket», vielleicht ist über Nacht ein neuer «Follower» dazugekommen. So haben sich diese kleinen Wundergeräte gleichsam über Nacht in unser Leben gegraben.

Die schöne neue Welt des ständigen Informationszugriffs hat schon etwas Merkwürdiges: Die Möglichkeiten dazu bestehen noch gar nicht so lange, die erste öffentliche Internetseite ging am 6. August 1991 online. Es gibt also noch viele Menschen, die alt genug sind, um sich bestens an ein Leben ohne Netz erinnern zu können. Aber wir haben uns schon so an die neuen Möglichkeiten gewöhnt, dass wir uns gar nicht mehr vorstellen können, wie wir es vorher gänzlich ohne aushalten konnten. Dabei müssen wir uns nur erinnern: an das vergangene Jahrhundert, das die meisten von uns erstaunlich gut überstanden haben, mit Telefonzellen am Straßenrand und handgeschriebenen Briefen, nur eben ineffizienter, unproduktiver, langsamer.

Auch Tiffany erinnert sich nicht häufig daran, sie möchte all die Technik gar nicht mehr missen, allenfalls hin und wieder. Ihre Leidenschaft für das Internet trage schon Zeichen einer Sucht, das sagt sie von sich selbst. Und jede Sucht ist anstrengend, auch emotional. «Die ganze Woche über bekomme ich eine E-Mail nach der anderen und fühle mich wie eine emotionale Flippermaschine», sagt sie. Die elektronischen Nachrichten werfen sie mal in die eine, mal in die andere Richtung. Selten lässt sie eine E-Mail wirklich kalt, und sie kann ihnen kaum entgehen.

Revolution per iPhone

Diese Ambivalenz hat niemand geahnt, als ein drahtiger Mann mit randloser Brille und schwarzem Wollkragenpullover 2007 über die Bühne in San Francisco tänzelte und eine der populärsten Erfindungen des vergangenen Jahrhunderts präsentierte: das iPhone von Apple. Steve Jobs, Gründer und seinerzeit Vorstandsvorsitzender von Apple, tat dies mit der ihm eigenen Bombastik. Vor einer tobenden Menge präsentierte er zuerst die einzelnen Funktionen: die Musik, das Telefon und erst als Drittes eine revolutionäre Internetapplikation. Am Ende fügte er alles zu einem Gesamtkunstwerk zusammen, drei Anwendungen in nur einem Gerät, und die Menge jubelte. Das iPhone setzte den Startschuss zu einer neuen Ära, der Ära der ständigen Erreichbarkeit für jedermann.

Smartphones gab es zu diesem Zeitpunkt schon einige, nicht zuletzt der Blackberry hatte bereits den Manageralltag erobert. Doch das betraf vor allem die Wirtschaftsfuzzis und Börsenheinis, die ohnehin 24/7 unterwegs sind und entsprechend entlohnt werden. Richtig massentauglich war die tragbare E-Mail-Maschine damals noch nicht. Der Blackberry mit seiner traditionellen Tastatur sorgte folgerichtig zwar für Aufsehen, aber nicht gerade für breite Aufregung, inzwischen wird das klassische Modell gar nicht mehr produziert.

Deshalb war dieser Tag im Jahr 2007 der Startschuss für eine bemerkenswerte Umwälzung. Auch Tiffany beantwortet die Frage, wann die Informationsfülle ein so überwältigendes Ausmaß angenommen hat, wie aus der Pistole geschossen: mit der Geburt des iPhone. Dabei ist der amerikanische Technikkonzern Apple nicht einmal Marktführer. Ein Jahr später, 2008, kamen die ersten Android-Geräte mit der Google-Software auf den Markt, von denen inzwischen viel mehr im Umlauf sind. Das Prinzip ist stets gleich: Das Büro und die E-Mails sind ständig dabei, immer und überall, und jeder will so ein Gerät haben.

Das empfinden wir nicht nur als große Lust, als exquisite Zeitersparnis, als ein zentrales Hilfsmittel im ständigen Streben nach einer vernünftigen Work-Life-Balance, sondern ebenso als große Last. Denn das Smartphone ist längst nicht mehr nur da, um Wartezeiten auf das Sinnvollste zu füllen mit Dingen, die ohnehin erledigt werden müssen: mit E-Mails, die beantwortet, und Geschenken, die noch schnell gekauft werden müssen. Das Smartphone schafft selbst ständig neue Aufgaben: die endlosen Tweets, die noch schnell abgearbeitet werden müssen, die Nachrichten auf Facebook, auf die man schnell noch klicken muss, um immer up to date zu sein.

Damit ist das Smartphone mit all seinen Möglichkeiten zentraler Bestandteil eines Phänomens, das der Soziologe Hartmut Rosa als «Beschleunigungsdiktatur» bezeichnet hat. Der Wissenschaftler von der Universität Jena orientiert sich am Erleben – und Leiden – der Menschen und stellt fast schon naiv die Frage, was einem guten Leben heute im Wege steht. Durch alle Schichten, Berufe und Altersklassen hindurch wird man zwischen Powernaps, Speeddating oder Drive-through-Beerdigungen dieselbe Antwort finden: Zeitmangel und Beschleunigung.

Was wir als eher diffuses Phänomen wahrnehmen, beschreibt Hartmut Rosa ganz konkret: Lebenstempo kann man seiner Ansicht nach durchaus messen, indem man die Zahl der Handlungsepisoden pro Zeiteinheit bestimmt, also pro Tag, pro Monat, pro Leben. Und diese erhöht sich ständig, denn jeden Tag wollen wir mehr schaffen. Pausen und Leerzeiten gilt es zu vermeiden, wo es nur geht. An der Bushaltestelle, in der Schlange vor der Kasse, überall zücken wir unser Smartphone und fühlen uns beschäftigt. So wiegen wir uns in der Gewissheit, dass wir keine Zeit verplempern, ohne uns zu fragen, ob denn die endlosen Tweets und das ständige Checken eines Nachrichtenzwischenstandes tatsächlich einen tieferen Sinn haben. Damit steige jedoch auch die Entfremdung, so Rosa. Wir sind nur noch auf uns allein gestellt, finden keine «Resonanz» mehr, keinen Widerhall in anderen Menschen, keinen Austausch, keine Bestätigung, also alles, was der Mensch, das soziale Wesen, so dringend zum Leben braucht.

Samstags ohne Smartphone

Tiffany, mehrere tausend Kilometer von Rosa entfernt, auf einem anderen Kontinent, würde vehement widersprechen. Für sie sind die sozialen Medien kein Grund für Entfremdung, sondern das glatte Gegenteil. Und trotzdem hat sie gelernt, von ihrem Handy zu lassen, wenigstens für einige Zeit. Die Entscheidung reifte in ihr, als ihr Vater Leonard Shlain an einem Gehirntumor erkrankte. Er war ein bekannter Neurologe und Schriftsteller und ihr großes

Vorbild. Am Anfang ihrer Enthaltsamkeit stand keine große Erkenntnis, nur das Bedürfnis nach mehr Aufmerksamkeit für ihren sterbenden Vater. Dieses Bedürfnis brachte ihr den Aus-Schalter an ihrem Handy näher. Sie gewöhnte sich daran, ihr Handy auszuschalten, wann immer sie ihren Vater zu Hause an seinem Krankenbett besuchte. Jede Minute mit ihm war ihr wichtig. Monatelang ging das so, bis er schließlich starb.

Auch nach seinem Tod mochte sie dieses Ritual nicht mehr missen. Jeden Freitagabend nutzt sie es, um ungestört zu sein. Dann zelebriert sie ihren «Technik-Sabbat». Schon seit sieben Jahren geht das so, jedes Wochenende. Er beginnt Freitagabend nach Sonnenuntergang, nämlich dann, wenn fromme Juden sich ihrem Gott hingeben, der Arbeit und aller modernen Hilfsmittel entsagen: elektrischem Licht, Fahrstühlen, Autos – nichts von alledem dürfen sie in dieser Zeit benutzen, 24 Stunden lang bis zum Sonnenuntergang am Samstag. Das gleiche Prinzip setzt sie für ihren Technik-Sabbat ein: In der Zeit bleibt das Internet ungenutzt, mit all seinen unendlichen Möglichkeiten. Auch ihre beiden Töchter und ihr Ehemann machen mit.

Das ist ein beängstigender Zustand, das weiß Tiffany nur zu gut. Am Anfang fühlte es sich merkwürdig an, fast wie ein amputierter Arm. Die Angst, etwas zu verpassen, ist überwältigend und das Leben ohne Smartphone aufwändig. Deshalb schließt sie schon am Freitag die Planung für den Familienausflug am kommenden Tag vollständig ab, alle Straßenkarten sind dann ausgedruckt, damit das Smartphone nicht als Navi herhalten muss. Ohne eine sorgfältige Vorbereitung ist das nicht durchzuhalten.

Wie ein amputierter Arm fühlt es sich jetzt nicht mehr an, inzwischen genießt sie die Zeit in vollen Zügen. In keiner Nacht schläft sie so gut wie von Freitag auf Samstag. Und dann erst der Samstag: Wie in Zeitlupe vergeht er. Durch nichts wird sie von der Gegenwart abgelenkt. Sie ist voll konzentriert auf das, was sie gerade tut. Dadurch erscheint ihr der Tag viel länger als alle anderen. Das trifft sich gut, denn keinen Tag in der Woche mag sie mehr als den Samstag. Inzwischen hat auch der letzte ihrer ständig erreichbaren Freunde begriffen, dass sie dann auf Tauchstation geht, deshalb wird sie schon gar nicht mehr mit scheinbar unaufschiebbaren Anfragen behelligt. Alles Dringende hat doch noch Zeit, wenn man nur darum bittet.

Der Sinn eines Technik-Sabbats leuchtet ein, und doch ist diese Idee geradezu putzig. Schließlich würde es auch niemandem in den Sinn kommen, einen waschmaschinenfreien Tag auszurufen, um sich von der Tyrannei dieser Errungenschaft wenigstens für einen Tag zu befreien. Auch die Spülmaschine läuft täglich, wenn es denn sein muss, auch zweimal, ohne dass wir einen Zustand der Zwanghaftigkeit feststellen. Auf das Auto verzichtet man allenfalls der Umwelt zuliebe oder weil der Stau nervt, aber nicht, weil man sich davon in seiner Lebensführung beeinträchtigt sieht oder gehetzt und beschleunigt fühlt, obwohl es gerade beim Auto doch um nichts anderes geht als um Beschleunigung.

Doch es gibt einen entscheidenden Unterschied: Der Fortschritt durch Smartphones ist unbestritten; trotzdem sind es kleine Geräte, die das Zeug haben, ganze Ehen zu zerstören und Jugendliche wie Zombies aussehen zu lassen, wenn man nicht weiß, wann man sie besser ausschalten und sich dem Hier und Jetzt widmen sollte. Doch dazu muss man es ausprobieren.

«Das Schönste an der Technik ist der Aus-Schalter», unkt Tiffany deshalb. Seitdem sie ihn gefunden hat, propagiert sie ihn nur zu gerne. Einen Kurzfilm hat sie schon über ihre Erlebnisse an ihrem handyfreien Samstag gedreht. Und weil sie so gerne davon redet, machen es ihr immer mehr Menschen nach. Der «Technik-Sabbat» ist inzwischen schon in vielen Ländern eine kleine Bewegung, die das Leben leichter machen kann. Denn wer sich am Samstag konsequent Freiraum schaffen kann, schafft das auch an anderen Tagen, wenn es sein muss. Das Smartphone wird so wieder zu dem, was es einmal sein sollte: eine echte Hilfe.

Mittags wird DER TAG entschieden.

4. Kapitel: Vom Sinn der Pause

Die Mittagspause ist Jürgen Bock wichtig. Es gibt nichts Besseres als diese Zeit des Tages. Bis 12 Uhr hat er schon einiges erledigt, E-Mails geschrieben, Telefonate geführt, Pläne geschmiedet. Es ist der ideale Moment, um den Kopf frei zu bekommen. Frei für neue Ideen, etwas Inspirierendes, Berührendes, Bemerkenswertes oder gar Skurriles. Deshalb trabt er um Punkt 12 Uhr über den Hof zu der großen Lagerhalle, die er und seine Kollegen «Lounge 6» genannt haben. Dort steigt er die Treppen hoch in den ersten Stock an der Garderobe vorbei und in den großen, abgedunkelten Saal. Die Seiten sind gesäumt von Holzpaletten, die, aufeinandergestapelt, erstaunlich geschmackvolle Tische und Bänke ergeben. Von der Decke baumeln Leuchtanzeigen aus längst vergangenen Tagen. Inzwischen haben sie nur noch den Zweck, Industriechic zu verbreiten, um nicht an Arbeit, sondern an Kreativität zu erinnern. In der Mitte des Saales reihen sich schwere schwarze Ledersofas aneinander, Lehne an Lehne, alle nach der Stirnseite des Saales gerichtet. Dort wird Jürgen Bock gleich stehen, gekleidet in schwarzer Jeans, schwarzem T-Shirt und schwarzem Sakko, ein starker Kontrast zu seinen kurzen, schlohweißen Haaren. Dann steht er im Rampenlicht vor zweihundert Kollegen. 12 Uhr mittags ist die beste Zeit für etwas Unternehmenskultur.

Jürgen Bock hat sich schon viele Gedanken über die Mittagspause gemacht. Das gehört zu seinem Job. Er ist Leiter der Unternehmenskultur der Otto-Gruppe in Hamburg, jenes Urgesteins des deutschen Versandhandels, das jetzt so gerne mit den hippen amerikanischen Silicon-Valley-Giganten mithalten möchte. Die haben die coole Unternehmenskultur zu ihrem Markenzeichen gemacht: Kicker in der Wohnküche, Fitnesscenter, Lifestyle-Kantine, selbst der Chef lässt sich beim Vornamen nennen. Und Lunch Club statt Mittagstief.

Um da mithalten zu können, auch wegen der heiß begehrten jungen Nachwuchskräfte, hat Jürgen Bock schon einiges versucht. Auch einiges, das gehörig schiefgegangen ist. Der Filmclub abends, «after work», kam nicht gut an. Nach dem Feierabend strömen die Mitarbeiter lieber nach Hause, in Kneipen oder auf Konzerte als ins Otto-Kino. Dann ist er mit seinen überschäumenden Ideen in die Kantine gegangen, um die Kollegen dort mittags zu unterhalten. Sogar eine Band hat er dorthin geschleppt, die den Kollegen vor ihren dampfenden Tellern ordentlich ins Ohr dröhnte. Der Protest kam postwendend. «Lass uns wenigstens in der Mittagspause in Ruhe», schimpften die Kollegen genervt. Jürgen Bock hat das eingesehen. Auf Unterhaltung, selbst auf gute, muss man gefasst sein. Auch die talentiertesten Musikanten in der S-Bahn erregen Unmut, wenn sich die Fahrgäste überrumpelt fühlen und eigentlich lieber ihren Gedanken nachhängen würden.

In der Lounge 6 fühlt sich niemand überrumpelt. Die

leer stehende Lagerhalle hatte Bock vor einigen Jahren beim Schlendern entdeckt und mit seinen Kollegen hergerichtet. Seitdem veranstaltet er zwischen den Holzpaletten einmal im Monat seinen Culture Club, dann präsentieren sich Großstadtpoeten beim Poetry Slam und die Azubis zappeln bei der Party zur Mittagszeit.

Heute gibt es Chili con Carne aus großen Töpfen. Dazu Nachos und Weißbrot, Salat und kleine dicke Würstchen, die in Croissants stecken. Als Nachtisch gibt es Popcorn. Das mag nicht die große kulinarische Erleuchtung sein, aber passt sich ein in den anstehenden Culture Club: ein Youtube-Kurzfilm-Festival von Otto-Mitarbeitern für Otto-Mitarbeiter. Das Ganze ist liebevoll zusammengestellt, für jeden Geschmack ist etwas dabei: zehn Filmchen, ausgewählt von Bock und seinen Kollegen, Anrührendes und Lustiges, Nachdenkliches und Provokantes. Erst wird gegessen, dann geschaut, eine Dreiviertelstunde lang.

Mittagspause, hart erkämpft

Mittags wird der Tag entschieden. Wer auf die Pausen verzichtet, ist weniger leistungsfähig, auch wenn er damit gerne das Gegenteil beweisen möchte. Für produktives Arbeiten ist das Wechselspiel von konzentriertem Arbeiten und gekonnter Ablenkung wichtig, betonen Kreativitätsforscher. Aufstehen, den Körper bewegen, den Blick schweifen lassen, auf andere Gedanken kommen. Essen kann dabei helfen, nur bitte nicht am Arbeitsplatz. Dort stopft man nur sinnlos in sich hinein, unkontrolliert und ohne Erholungseffekt.

Die Arbeitspause hatte nicht immer so einen hohen Stellenwert. Im Gegenteil, die Gewerkschaften mussten sie sich erst hart erkämpfen. Seit 1994 steht sie für alle verbindlich im Arbeitszeitgesetz: 30 Minuten bei einer Arbeitszeit bis zu neun Stunden pro Tag, 45 Minuten für alles darüber. Doch jetzt steckt die Mittagspause in einer veritablen Krise. Die Gewerkschaften monieren, dass die Arbeitnehmer sie gar nicht mehr nehmen und viel zu oft durcharbeiten. Auf der anderen Seite haben auch die Betriebe sie entdeckt: für die Unternehmenskultur und zum Netzwerken, mal mit kleinen Vorträgen, mal mit erfrischendem Gedankenaustausch. Oder um mit einem betriebseigenen Fitnessstudio die Mitarbeiter zu mehr Bewegung zu animieren. Schon zum Standard in den oberen Etagen gehört ein ausgiebiger Businesslunch, drei Gänge beim Edel-Italiener. Zu besprechen gibt es immer etwas; unterhaltend kann es bestenfalls sein, wirklich entspannend ist es selten.

Freizeit-Terror

Die perfekt gestaltete Mittagspause spiegelt im Kleinen wider, welche Probleme sich bei der Freizeit stellen: Von echter «Freizeit» mit sprichwörtlich freier Zeit kann häufig keine Rede mehr sein.

Doch die gute Nachricht zuerst: Dem Statistischen Bundesamt zufolge haben wir alle einen ganzen Batzen davon, nämlich jeden Tag ganze 6 Stunden und 12 Minuten die

Männer und 5 Stunden 42 Minuten die Frauen. Die extra halbe Stunde der Herren verbraten diese übrigens fast ausschließlich im Internet und mit ihren Smartphones. An diese Daten kommen die Statistiker durch viel Aufwand: Alle zehn Jahre lassen sie rund 11 000 Leute für einige Tage ein Tagebuch führen. Darin sollen diese ihren Tagesablauf beschreiben, detailliert im Zehn-Minuten-Rhythmus. Das Ergebnis sind naturgemäß nur Durchschnittswerte. Aber eines fördert diese Studie (wie andere übrigens auch) zutage: Wir haben wesentlich mehr freie Zeit, als wir gemeinhin glauben. Nur nutzen wir sie nicht so, wie wir es eigentlich wollen.

Woran das liegt? Auch hier gibt es unbegrenzte Möglichkeiten und sie klingen allesamt eindrucksvoll: originelle Ausstellungen, extravagante Konzerte, spektakuläre Outdoor-Aktivitäten. Vor Museen zieht sich nicht selten die lange Reihe der Wartenden über den Bürgersteig bis zur nächsten Straßenkreuzung. Dicht an dicht, und doch ohne zu drängeln, stehen die Besucher und warten geduldig auf Einlass, als hätten sie auf einmal alle Zeit der Welt. Nach Freizeit sieht das nicht aus, und dennoch ist es genau das: Die Menschen suchen Erbauung in der Kunst. Die Museen überschlagen sich mit sensationellen Shows, die die Besucher von überallher anziehen. So viel Andrang will gemanagt werden: Mit Hilfe des Internets lässt sich die Warterei umgehen. Dort kann man immer öfter Zeitfenster für den Museumsbesuch buchen und mit dem ausgedruckten Ticket an der Schlange vorbeimarschieren.

Dass die Warteschlangen von den Bankschaltern und Warenhäusern vor die Museen umgezogen sind, ist ein

Symptom unserer Zeit. Wir erleben Freizeit häufig nicht mehr kollektiv im Sportverein, im Chor oder auch nur am Stammtisch, sondern individuell. Deshalb fallen simple Verabredungen mit Freunden nicht mehr so leicht wie früher. Oft müssen die Termine zum Klönen Wochen im Voraus gebucht werden, als wäre es ein begehrter Termin beim Orthopäden.

Die individuelle Freizeitgestaltung aber kann eine ganze Branche ernähren. Kein Wunder, dass die Freizeitangebote immer umfangreicher werden, die Informationen darüber ebenso. Aus Geheimtipps werden Massenveranstaltungen. Ein Blick in den Veranstaltungskalender offenbart die Fülle an Möglichkeiten. Wem der ordinäre Museumsbesuch nicht reicht, der geht zur «Langen Nacht der Museen», Burgen und Schlösser werden für allerlei Feierlichkeiten reaktiviert, Straßenfeste gibt es in den Sommermonaten an jedem Wochenende. In den Ferien ist das noch steigerungsfähig. Das gute Buch am Strand reicht vielen gerade einmal für einen Tag, es muss schon der Bungee-Sprung von der Brücke sein oder die Rucksack-Tour durch Vietnam. Die Wahl fällt schwer, denn dank Internet sieht man klarer denn je, was es alles zu verpassen gibt. Und das kann schmerzen.

Das Ergebnis ist eine nie gekannte Vielfalt, die die Menschen auch rege nutzen. «Kaum eine Freizeitaktivität dauert gegenwärtig länger als zwei Stunden», sagt Sozialforscher Ulrich Reinhardt. Danach geht es weiter – auch aus lauter Angst, etwas zu verpassen. «Der Druck, in der Freizeit etwas zu erleben, hat in den vergangenen Jahren permanent zugenommen.» Denn Erlebnisse wollen Freunden,

Kollegen und Verwandten erzählt werden, sie schaffen Identifikation. Allerdings: Diese Aktivitäten kosten Geld. So setzt sich die Klassengesellschaft auch im Freizeitverhalten fort. Die Besserverdienenden geben in der Freizeit gerne und viel Geld aus und erkaufen sich so die unterschiedlichsten Erfahrungen. Geringverdiener bleiben auch am Wochenende eher vor dem Fernseher.

Ist das Freizeit? «Freizeit ist persönliche Zeit, in der ich etwas tun kann, ohne es tun zu müssen», erinnert der Wissenschaftler Reinhardt. Das klingt selbstverständlicher, als es ist. Die Stiftung für Zukunftsfragen analysiert das Freizeitverhalten der Deutschen im Freizeitmonitor, und der hat eines klar hervorgebracht: Am liebsten würden die Menschen genau das tun, wozu sie spontan Lust haben – ohne gebuchtes Zeitfenster. Nur tun es eben so wenige. Dafür gibt es viel, was uns in der Freizeit Stress bereitet: gestört zu werden, wenn man doch eigentlich in Ruhe gelassen werden möchte (62 Prozent), nicht allem gerecht werden zu können (fast jeder Zweite, 48 Prozent). Und 12 Prozent sagen: Das Angebot ist schlicht zu überwältigend. Oft merkt man erst spät, dass man besser eine Auswahl trifft und lieber das eine lässt, um das andere tun zu können. Dabei kann man auch feststellen, dass man gar nicht so viel verpasst.

Ein Leben für den Coffee to go

Das zeigt sich an so etwas Profanem wie Kaffee. Was haben die Intellektuellen und Künstler im 19. Jahrhundert in den

Wiener Kaffeehäusern Zeit verplempert, debattiert, Zeitung gelesen und genüsslich ihren Kaffee getrunken! Nie im Leben hätten sie sich einfallen lassen, dass sich Zeit sparen ließe, wenn sie ihre Tasse Kaffee stattdessen über den Trottoir schleppten.

Einer wie Laszlo Büch hätte damals mit seiner Geschäftsidee wohl kaum Erfolg gehabt. Dafür brauchte es schon einen gewissen Hang zur Effizienzsteigerung, rund hundert Jahre später war dazu der geeignete Zeitpunkt gekommen. Büch war Anfang vierzig, als er in den sechziger Jahren des vergangenen Jahrhunderts seinen größten Coup landete. Zu diesem Zeitpunkt hatte er schon ein ganzes Leben hinter sich: 1922 wurde er in Khust geboren, einem kleinen Dorf in der Tschechoslowakei, als Sohn jüdischer Eltern. Als die Nazis kamen, transportierten sie ihn ins Konzentrationslager, erst Auschwitz, dann Buchenwald. Seine Eltern kamen darin um, er selbst überlebte. Nach dem Krieg wanderte er nach New York aus und lebte dort das typische Leben eines Immigranten. Als Erstes verpasste er sich einen neuen Namen, aus Laszlo Büch wurde Leslie Buck. Mit einem Import-Export-Geschäft hielt er sich eine Zeitlang über Wasser. Dann gründete er mit seinem Bruder ein eigenes Unternehmen in einer Branche, die ihm Gewinn versprechend schien: Er wurde Hersteller von Pappbechern.

Der große Durchbruch kam als Marketingleiter von Sherri Cup, einem Start-up, das es in den sechziger Jahren auf den New Yorker Markt für Heißgetränke abgesehen hatte. Buck kreierte einen Pappbecher in aufsehenerregendem Design: in Blau und Weiß mit bronzefarbener, zackiger Beschriftung – ein Tribut an die vielen griechischen

Immigranten, die in New York etliche Diner betrieben, jene amerikanischen Restaurants, die durch ihre Schlichtheit in Angebot und Design bestechen. Die nostalgisch geprägten Pappbecher wurden der Renner. In ihnen trugen fortan die New Yorker ihren Kaffee überall in der Stadt spazieren, statt ihn zu Hause oder im Café zu trinken.

Leslie Buck hat den «Coffee to go» nicht erfunden. Den Wunsch, keine Zeit für den Kaffee zu verschwenden, sondern ihn stattdessen lieber zeitsparend mit sich herumzutragen, verspürten die New Yorker schon lange Zeit vorher. Aber Buck hat dieses Bedürfnis zu einem Trend gemacht. Mit seinem Design wurde aus einem simplen Gebrauchsgegenstand eine Kreation, die jeder haben wollte.

Das war schon 1963. Sherri Cup verkaufte über die nächsten Jahrzehnte Milliarden Becher, denn nirgendwo laufen Menschen so lange und so leidenschaftlich mit ihren Coffee-to-go-Tassen herum wie in der Stadt, die niemals schläft. Schon seit mehr als fünfzig Jahren nehmen sich die Menschen dort nicht einmal mehr die Zeit für einen Kaffee. Und noch viel wichtiger: Sie wollen es auch nicht. Der «Coffee to go» ist in New York das Statussymbol eines erfolgreichen Menschen, für den die Synchronisierung der Tätigkeiten eine Selbstverständlichkeit ist.

Niemand würde dort allen Ernstes den Nutzen dieser Erfindung in Frage stellen. Im Gegenteil: Als Leslie Buck 2010 im Alter von 87 Jahren starb, widmete ihm die *New York Times* einen umfassenden Nachruf auf der Titelseite ihrer New Yorker Ausgabe. Auf einem Foto lächelt Buck das überlegene Lächeln eines erfolgreichen Unternehmers, der im richtigen Moment die richtige Idee hatte. Groß und aufrecht steht er da, mit einem klobigen Brillengestell auf der Nase.

Zeit für einen Kaffee

Die Verdienste des erfolgreichen Unternehmers Buck würde auch Margarete Zülch nicht bestreiten, von ihr haben wir schon gehört. Sie wurde im selben Jahr geboren wie Laszlo Büch: 1922. Aber ihr Leben gestaltete sich völlig anders. Als Inhaberin vom Frankfurter Kaffeehaus Wacker's hat sie ihr Leben dem Kaffee gewidmet und nicht etwa den Gefäßen für dessen unfallfreien Transport auf überfüllten Bürgersteigen. Margarete Zülch ist von vornehmer Gestalt, sie legt unverkennbar Wert auf ihr Äußeres. Ihre kurzen, braun gefärbten Haare sind sorgfältig frisiert, die hellblaue Bluse ordentlich gebügelt. Doch wenn sie den Begriff «Coffee to go» in den Mund nimmt, zuckt sie ein wenig zusammen. Sie sagt diesen Begriff mit so viel Verachtung in der Stimme, wie es einer freundlichen, lebensklugen Dame im Alter von 94 Jahren gegeben ist.

Für Kaffee brauche man Kaffeekultur, einen Tisch, am besten natürlich einen Stuhl oder ein Sofa, jedenfalls eine Tasse aus Porzellan, sagt sie, während sie in der Wohnung über ihrem Frankfurter Kaffeegeschäft sitzt. Unmengen von Fotos aus längst vergangenen Zeiten zieren ihr Wohnzimmer. Ihre langen, schlanken Hände kreisen auf dem Tischtuch um die Tasse, die vor ihr steht. Und sie sagt: «Für Kaffee braucht man Zeit.» Ohne dass er beim Laufen rechts und links über den Rand schwappt. Auch wenn für dieses

Dilemma schon die ergonomischen Plastikdeckel erfunden wurden. Mehrere Dutzend unterschiedliche Patente gibt es darauf inzwischen.

Margarete Zülch sieht keinen besonderen Sinn darin, den Kaffee unterwegs zu trinken. Und schon gar keinen Vorteil. Das mag daran liegen, dass Kaffee für sie schon immer etwas Besonderes war. Etwas, für das man sich Zeit nehmen muss. Mit dem süßlich-herben Kaffeegeruch in der Nase ist sie aufgewachsen, sie hat den Zweiten Weltkrieg überstanden, selbst als sie aus ihrem Kaffeegeschäft herausgebombt wurde. Sie hat es neu aufgebaut und sich tagein, tagaus hinter die Ladentheke gestellt, um den Kunden Kaffee einzuschenken. Und sie drückt ihnen selbstverständlich auch schweren Herzens Pappbecher in die Hand, seitdem dieser Wunsch nach dem mobilen Verzehr auch hierzulande um sich gegriffen hat.

Man darf die Symbolkraft des Pappbechers nicht überhöhen, aber immerhin ist der Kaffeegenuss doch ein Indiz dafür, wie es um die Hast in der Gesellschaft bestellt ist. Denn daran wird deutlich, wie viel Zeit die Menschen haben, oder eher: wie viel Zeit sie sich nehmen. Kaffee bietet keine lustvolle Inspiration mehr. Oft ist es die letzte Möglichkeit, auf dem Sprung ins Büro die Mittagspause noch hinauszuzögern. Das muss schnell gehen – umso besser, wenn es dann auch noch schmeckt. Doch einen Kaffee, den man nur hinunterstürzt, kann man sich genauso gut sparen, findet Margarete Zülch.

Auch Jürgen Bock hält nicht mehr viel von Gleichzeitigkeit. Nach seiner Erfahrung mit der Kantinen-Band verzichtet er jetzt darauf, allzu viele Dinge auf einmal geschehen zu lassen. In seinem Culture Club in der Otto-Gruppe in Hamburg wird erst gegessen, dann kommen die Filme. Eine Dreiviertelstunde Zeit gibt's dafür. Jürgen Bock hat die Geschichte eines amerikanischen Kriegsveteranen ausgewählt, der aus dem Golfkrieg versehrt nach Hause zurückkehrt und den Rest seines traurigen Lebens auf Krücken verbringen muss. In seiner Ankündigung sagt Bock dazu: «Ich liebe es, wenn Menschen über sich hinauswachsen.»

Der arme Mann wird immer fetter und unglücklicher, bis er im Internet auf den einzigen Yogalehrer trifft, der ihn nicht als einen hoffnungslosen Fall sieht. Eisern beginnt er zu trainieren, fällt wie ein nasser Sack zu Boden und steht doch immer wieder auf. «Dass ich es heute nicht kann, bedeutet noch lange nicht, dass ich es nicht eines Tages kann», bellt er trotzig in die Kamera. Am Ende des kleinen Films hat er 70 Kilo abgenommen und kann nicht nur humpeln, sondern kraftvoll rennen. Und auf dem Kopf stehen. Als das Licht wieder angeht, haben die Kollegen Tränen in den Augen, Jürgen Bock lächelt zufrieden.

Diese Mittagspause hätten sie auch mit leichterer Kost, in der Kantine oder im Fitnessstudio verbringen können. Doch das wollen sie nicht, niemand verlässt früher den Saal, als er unbedingt muss. Das mag auch damit zusammenhängen, dass sich die Leute hier die Plätze hart erkämpft haben. Schon wenige Stunden nach der Ankündigung sind Bocks Veranstaltungen immer heillos überbucht. Anscheinend hat er jetzt etwas gefunden, was die Kollegen fesselt, ohne der Pause ihren tieferen Sinn zu rauben. Auch so ist sie eine Auszeit, um neue Energie zu tanken.

Was würden
wir uns

gut ernähren,

wenn wir

NUR

mehr
Zeit

hätten!

5. Kapitel: Mahlzeit!

Wer sich auf der B-Ebene der Frankfurter Hauptwache für einen schnellen Snack entscheidet, hat nicht einmal Zeit für ein paar Sonnenstrahlen. Die gibt es sechs Meter darüber auf der Straße und noch einige schöne Cafés dazu, wenn man gewillt ist, ein paar Schritte zu gehen, und dafür Zeit hat. Doch für viele ist das nicht drin.

Die Hauptwache ist ein wichtiger Verkehrsknotenpunkt, hier strömen die Menschen aus Wiesbaden, Darmstadt oder dem nahe gelegenen Taunus ein, wechseln zwischen S- oder U-Bahn oder gehen schnurstracks in ihr Büro in den großen grau-gelben Turm der Commerzbank. Die B-Ebene ist ständig im Wandel, hier bestimmt Eile das Tempo, das zeigt sich schon im kulinarischen Angebot: McDonald's, Pizza Hut, Kentucky Fried Chicken und alles, was sonst noch schnell geht.

Nur ein kleines Ladenlokal zeichnet sich durch Beständigkeit aus: Seit 1808 gibt es Käs' Petri in Frankfurt. Diese Information prangt in großen runden Lettern über dem kleinen Laden, der etwas versteckt hinter einer Apotheke liegt. Nicht gerade eine prominente Lage, aber das hat Käs' Petri auch nicht nötig. Die Menschen wissen, wo sie ihn finden.

Lange Jahre machte er seinem Namen große Ehre. Mehr als siebzig Käsesorten hatte er im Angebot. Doch inzwischen lohnt sich das nicht mehr, weil es allein in jedem x-beliebigen Supermarkt Dutzende Käsesorten gibt. Aus Käs' Petri ist jetzt ein Imbiss geworden für den schnellen Snack zwischendurch. Auch sonst ist einiges anders: Bei Käs' Petri heißt schon längst keiner mehr Petri. Eigentümer ist Haci Bekir Korkmaz, ein blitzgescheiter Türke Mitte vierzig. Die dichten, halblangen Haare hat er im Nacken zu einem kleinen Zopf gebunden.

Die erste Hälfte seines Lebens hat Bekir in der Nähe von Antalya verbracht – seine Eltern betreiben dort einen Campingplatz und ein Restaurant –, die zweite Hälfte hier in und um Frankfurt. Für eine Ausbildung als Hotelfachmann kam er nach Deutschland, dann hat er an der Universität in Mainz Mathematik studiert. Er hat eine Leidenschaft für Zahlen, rechnen fällt ihm leicht. Bekir strahlt, wenn er das sagt, seine Wangen sehen aus wie runde kleine Äpfel. Die innere Welt entwickle eigene Strukturen, eigene Dimensionen, wenn man sich mit so etwas Abstraktem wie mathematischen Konstruktionen beschäftigt. Es gibt keinen schöneren Kick, als nach einem halben Jahr des Grübelns endlich eine Theorie verstanden zu haben.

Doch hier, sechs Meter unter der Erde in seinem Kiosk, fühlt er sich wohler, hier ist er näher an den Menschen dran. Den Kiosk hat er schon lange, dort verkauft er Zeitungen und frisch gepressten Saft – Orange, Karotte, Granatapfel. Im vergangenen Jahr hat er auch noch Käs' Petri samt der Namensrechte dazugekauft.

Weil Bekir sehr gut rechnen kann, verdient er sein Geld

jetzt mit der Verwaltung des Mangels – des Mangels an Zeit, der hier an der Hauptwache alle eint. In seinen Laden kommen Bauarbeiter und Büroarbeiter, Pendler und Banker, auch sehr viele Stammkunden, die Käs' Petri schon seit Jahren kennen. Sie kommen nicht, weil der Laden besonders schrill und modern anmutet, die Einrichtung ist eher spartanisch. Sie kommen, weil Bekir ihnen bietet, was McDonald's nicht bietet.

Wir haben einfach zu wenig Zeit, um uns gut zu ernähren. Das klingt merkwürdig in Zeiten des Überflusses, aber viele Menschen haben das Gefühl, dass es so ist. In Umfragen geben sie zu Protokoll, dass vor allem der Zeitmangel sie daran hindert, gesünder zu essen. Je mehr Kinder in der Familie, desto schlimmer ist das. Das klingt wie ein Notruf: Was würden wir uns gut ernähren, wenn wir nur mehr Zeit hätten!

Dazu fühlt sich Bekir berufen, denn immer häufiger wird nicht mehr zu Hause gegessen, sondern unterwegs. Manchmal fühlt er sich wie beim Boxenstopp in der Formel Eins. Wenn der Wagen hereinfährt, stürzt sich eine ganze Truppe auf ihn, vier wechseln gleichzeitig ein Rad, ein anderer steht mit dem Benzinschlauch parat, weil alles so schnell gehen muss. So geht es auch in seinem Imbiss zu: Dann rauscht der Kunde herein, will seine Zeitung, Brötchen und Kaffee, packt alles schnell zusammen, das Geld wechselt im Vorbeigehen den Besitzer, damit es gleich weitergehen kann.

Damit sind wir kurioserweise wieder dort gelandet, wo wir als Spezies einmal gestartet sind: Vor Jahrtausenden, als wir noch als Jäger und Sammler durch die Gegend streiften, haben wir vermutlich auch vieles im Vorbeigehen gegessen:

Beeren von den Sträuchern, Schnecken oder Käfer, immer da, wo man sie fand. Das hätte auch Käs' Petri sein können, wenn es den damals schon gegeben hätte.

Erst im Laufe der Zeit haben sich die Mahlzeiten zu einer festen gesellschaftlichen Größe entwickelt, mit einheitlichen Speisezeiten und Ritualen; vor allem die Religion setzte klare Regeln. Längst bedeuten sie nicht nur Nahrungsaufnahme, sondern stiften Identität. Über das Essen kann man sich von anderen abgrenzen. Doch genau das kostet Zeit.

Dass das «Essenfassen» einen so großen Raum in unserem Leben einnimmt, ist gar keine Selbstverständlichkeit. Die Soziologin Eva Barlösius hält dies sogar für ausgesprochen erklärungsbedürftig. Man spricht zwar oft davon, das Brot «zu teilen», aber tatsächlich gegessen wird es nur einmal, nämlich von dem, der sich das Stück gerade schnell genug in den Mund schieben kann. Es gilt die simple Regel: Was ich esse, kann niemand sonst essen. Streng genommen trennt uns das Essen also eher, als dass es verbindet. Nicht umsonst gibt es den Futterneid. Auch um andere körperliche Bedürfnisse kümmern wir uns lieber in aller Diskretion: Duschen, Schlafen und vor allem Klogänge erledigen wir allein.

Doch schon seit Jahrtausenden nehmen die Mahlzeiten einen beispiellosen Raum im Leben ein – und zwar egal, wohin man blickt: Gemeinsam gegessen wird in jedem Kulturkreis, in jeder Religionsgemeinschaft. Es gibt die aberwitzigsten Rituale, um uns an den gedeckten Tisch zu fesseln. Dabei hat sich über die Jahrhunderte eine einfache Faustformel herausgebildet: Je mehr Zeit die Menschen dem Essen widmen, desto höher ist die Lebensqualität. Das ist die simple Rechnung hinter dem französischen *savoir vivre*. Doch warum all die Aufregung um das bisschen Nahrungsaufnahme?

Der lange Weg zur Esskultur

Erklärungsversuche gibt es einige. Eine pragmatische Herangehensweise rückt die wirtschaftliche Notwendigkeit zur Zusammenarbeit in den Mittelpunkt. Das ist schon sehr einleuchtend: Ein Büffel lässt sich nur gemeinsam erlegen, jede einzelne Aufgabe ist wichtig, keine verzichtbar, deshalb wird die Speise danach auch brüderlich geteilt. Das allerdings erklärt noch nicht, warum wir an den Tischsitten immer noch festhalten, obwohl wir doch schon längst nicht mehr gemeinsam auf Büffeljagd gehen.

Ein weiterer Erklärungsversuch ist eher beklemmender Natur, denn er sieht das gemeinsame Essen als Ausdruck der sozialen Kontrolle. All die Tischmanieren, die klare Aufteilung des Tagesablaufs in Frühstück, Mittagessen und Abendbrot lassen der Gesellschaft keinen Raum für Wildwuchs. Jahrhundertelang hat das so funktioniert. Die Erziehung der Kinder fand vor allem am Esstisch statt.

Erhebender ist der Ansatz, dass dem Menschen daran gelegen war, eine Brücke von der Natur, also dem streng körperlichen Vorgang des Essens, zur Kultur zu schlagen, mit allerhand Ritualen und gesellschaftlichen Normen. Damit können wir zeigen, dass wir uns zügeln können, allen voran unseren Hunger. Wenn es darauf ankommt, wissen wir uns zu benehmen. Nirgendwo können wir das in der Öffentlichkeit besser unter Beweis stellen als beim Essen. So ist für jedermann klar: Wir sind eine zivilisierte Gruppe, keine Horde Affen.

Schon längst geht es nicht nur um die alltägliche Tischgemeinschaft, bei der nur der Hunger gestillt wird. Viel ausgefeilter sind die besonderen Zusammenkünfte, bei denen soziale Zusammenhänge im Vordergrund stehen: Hochzeiten, Taufen, selbst Begräbnisse berühren viele Aspekte des Lebens – und ja, gegessen wird dort auch, was bei genauerer Betrachtung nicht unbedingt einleuchtet.

Die Nahrungsaufnahme wird so zur Randerscheinung, im Vordergrund stehen das Benehmen und das gepflegte Tischgespräch, das bereits die besondere Aufmerksamkeit des deutschen Philosophen Immanuel Kant genoss. In drei Stufen teilte er es ein: Zu Beginn der Mahlzeit geht es um das Erzählen, während des Hauptgangs um das Räsonieren, und das Dessert runden gelungene Scherze ab. Beim Räsonieren darf es durchaus kontrovers zugehen, der Streit darf sich zwar andeuten, aber keinesfalls ausbrechen. Denn nichts ist schlimmer, als wenn sich eine Tischgemeinschaft vorzeitig auflöst. Schöner ist es, den Rest des Tages mit einem Scherz einzuläuten.

So streng geht es schon lange nicht mehr zu, und auch das ist kein Zufall. Die Esskultur ist ein wichtiger Gradmesser der Gesellschaft, an ihr lässt sich besser als anderswo ablesen, worauf die Menschen Wert legen.

Wenn sich etwas fundamental ändert, zeigt sich das auch an den Essgewohnheiten. Das war schon so in den Studentenunruhen der 1968er Jahre. Der Angriff auf die bürgerlichen Normen war auch ein Angriff auf die *Tischzucht,* die ein Produkt von Kaiserzeit, Weimarer Intermezzo und Nationalsozialismus war, wie Gunther Hirschfelder in seinem Buch *Europäische Esskultur* schreibt. Sie war auch deshalb so rigide, weil sie zum zentralen Ort der Kindererziehung wurde. Der Zwang zum Aufessen, die klare Hierarchie zwischen Kindern und Eltern zeugen davon. Und als all das in den sechziger Jahren außer Mode geriet, musste auch die Tischzucht zuallererst daran glauben.

Wenn Fernsehen und Fast Food regieren

Doch damit war der Wandel noch lange nicht abgeschlossen. Fortan verlief er allerdings weniger kalkuliert, sondern war eher ein Produkt unserer Faulheit: Weil wir in den vergangenen Jahrzehnten zu einer wahren Fernsehnation geworden sind, dominiert der Fernseher in vielen Haushalten auch die Mahlzeiten, sozusagen als Oberhaupt der Tafel. Das Gerät bindet alle Aufmerksamkeit und beherrscht die Gespräche – und das lassen wir freiwillig zu, denn geradezu gnädig ist das neue Oberhaupt bei der Frage, was gegessen werden darf. Völlig unkontrolliert kann man vor der Glotze Chips und Erdnüsse in sich hineinstopfen.

Wenn es nicht der Fernseher ist, dann ist es notgedrungen unsere Mobilität, die die Tischkultur verlottern lässt. Früher fielen Arbeiten und Genießen häufig zusammen, was auch daran lag, dass die Menschen viel zu Hause arbeiteten. Dann zog die Arbeit in die Fabriken und Büros. Das brachte auch die Imbisskultur in die Städte: Pommes- und

Würstchenbuden schossen nach dem Krieg aus dem Boden und versorgten die Arbeiter und Angestellten praktisch im Vorübergehen.

Der große Wandel vollzog sich jedoch erst, als am 4. Dezember 1971 McDonald's seine erste Filiale in München eröffnete. Nach McDonald's kam Burger King. Dort werden die Burger und die Pommes im Minutentakt serviert, Qualität war lange Zeit gar nicht gefragt. Big Mac und Double Whopper schienen auf kuriose Weise jedem zu schmecken. Fast Food gewann immer mehr an Bedeutung, es ist auch überall zu haben. Kaum ein größerer Bahnhof, an dem in Deutschland keine Fast-Food-Kette vertreten wäre. Allein McDonald's hat in Deutschland knapp 1500 Filialen.

Die Gegenbewegung ließ länger auf sich warten, 1989 startete sie in Italien. Anlass waren die Expansionsgelüste von McDonald's, die nicht einmal vor historisch bedeutenden Kulissen haltmachten. Nachdem die Fast-Food-Kette selbst auf der legendären Piazza Navona in Rom ein goldgelbes M installiert hatte, kam eine Gruppe empörter, genussvernarrter italienischer Journalisten um den Publizisten Carlo Petrini in einer römischen Kneipe auf die Idee, eine Slow-Food-Bewegung zu gründen, genauer: eine «internationale Vereinigung zum Schutz und für das Recht auf Lebensfreude». Es galt, den endgültigen Verfall europäischer Esskultur aufzuhalten.

Das ist nur leidlich gelungen: Burger King und McDonald's haben noch immer den größeren Fankreis, doch inzwischen gibt es Slow Food in Deutschland und in vielen anderen Ländern. Den Anhängern geht es längst nicht mehr nur um den langsamen Genuss, sondern um viel mehr: um regionale Küche, artgerechte Tierhaltung und gesundes Essen. In vielen regionalen Einheiten wird seitdem geschnippelt, gekocht und protestiert.

Gesundes Essen ist nicht mehr etwas, für das sich der Einzelne entscheidet, es ist längst ein politisches Statement. Das lässt auch McDonald's & Co. nicht kalt: Überall muss auch etwas Bio sein, sonst hat man in der ernährungswissenschaftlich geschulten Mittelschicht keinen leichten Stand mehr. Natürlich essen immer noch viele, was die Pommesbude hergibt. Doch eine stetig wachsende Gruppe sorgt sich darum, was sie überhaupt noch essen kann. Da werden nicht nur Kalorien gezählt, sondern auch Nährstoffgruppen reflektiert. Mit fast schon religiösem Eifer werden neue Essensvorschriften formuliert und am besten gleich für allgemeingültig erklärt.

Das Bio-Siegel reicht nicht mehr, jetzt muss es vegetarisch sein oder besser noch vegan. Hinzu kommen allerhand Unverträglichkeiten gegen Milch, Getreide, Glutamat. Anders als früher machen wir uns keine Gedanken mehr, wie das Essen auf den Tisch kommt, sondern welches. Nahrung war früher fürs blanke Überleben wichtig, jetzt geht es um das Wohlbefinden. Und da ist alles viel komplizierter.

Das gestresste Gehirn ist unersättlich

Der Frage, wie eng Stress und Ernährung zusammengehören, ist der Hirnforscher Achim Peters von der Universität Lübeck vor einigen Jahren mit seiner Forschung über das «egoistische Hirn» nachgegangen. Je gestresster wir sind, desto mehr Energie will unser Hirn. Denn es ist nicht etwa ein Organ unter vielen, das geduldig wartet, bis es mit der Versorgung dran ist. Ständig schreit es: «Ich, ich, ich.»

Je gestresster es ist, desto höher wird der Nährstoffbedarf und desto mehr fordert es Nahrung ein, da kann der Körper nicht viel tun. Dazu aktiviert es sein Stresssystem, das die Energie aus den Körperreserven ins Gehirn leitet. Dann kommt der Heißhunger und zwingt uns zur Nahrungsaufnahme, mit der die Körperreserven aufgefüllt werden. So beschreibt Peters den Mechanismus in seiner Theorie über das «Selfish Brain». Der Effekt zeigte sich in Studien auch ganz konkret: Zehn Minuten psychosozialer Stress verbrauchen mehr Energie, als in eineinhalb Brötchen steckt.

Das ist in Notlagen ein kluger Schachzug, ein einzigartiger Überlebensmechanismus, dem wir als Spezies viel verdanken. Nur hilft es leider nicht, wenn wir im Dauerstress leben. Denn dann wird dem Körper konstant signalisiert, dass jetzt einige Nährstoffe guttun würden, und wir werden dicker und dicker.

Das Übergewicht in der Welt ist nach Ansicht von Peters kein Resultat von zu wenig Diäten, sondern vor allem dem Stress geschuldet. Sein Rezept klingt simpel, ist aber umso schwieriger einzuhalten: Je besser wir lernen, mit Stress umzugehen, umso mehr beeinflussen wir auch die Strategien der Energieversorgung unseres Gehirns.

Dazu müssen wir Bescheid wissen. Peters schlägt ein «metabolisches Lernen» vor, mit dem wir trainieren, wie wir unser Gehirn möglichst optimal mit Energie versorgen können, ohne bei Stress auf Essen zurückgreifen zu müssen. Ist erst einmal das Essen für den Stressabbau instrumentalisiert, ist es schon zu spät. Das fängt schon im Kleinkindalter an, dann nämlich, wenn Mama und Papa sofort ein Schokobonbon zur Hand haben, wenn der Kleine mal hinfällt, anstatt ihn in den Arm zu nehmen und zu trösten. In solchen Situationen werden Weichen gestellt.

Im Wesentlichen gehe es darum, die Signale des Körpers richtig zu deuten, schreibt Peters, und dabei möglichst alles auszuschalten, was dies stört – falsche Versprechen der Nahrungsmittelindustrie zum Beispiel. Je früher auch Kinder schon lernen, dass nicht nur Süßes und Fettiges lecker schmeckt, sondern auch alles, was an Bäumen oder Sträuchern wächst, desto besser.

Das Geniale an der Ernährung ist nämlich, dass sie nicht nur Problem, sondern gleichzeitig auch Lösung ist, wenn man es denn richtig anstellt. Zentraler Bestandteil dessen, so predigen Ernährungswissenschaftler immer wieder, sind die gemeinsamen Mahlzeiten. Womit wir wieder am Ausgangspunkt unserer Überlegungen angelangt wären: Denn die sind inzwischen keine Selbstverständlichkeit mehr, weil sie heutzutage einen enormen Zeitaufwand erfordern. Wie bekommt man eine vierköpfige Familie regelmäßig an den Tisch, wenn beide Eltern arbeiten und die Kinder ständig zwischen Schule und Turnverein pendeln? Für viele ist das ein Zeichen für den fortschreitenden Zerfall der Familie. Aber stimmt das überhaupt?

Richtig daran ist: Die Zahl der gemeinsamen Mahlzeiten hat in den vergangenen Jahrzehnten stetig abgenommen. Schon der Ernährungsbericht aus dem Jahr 1976 beklagte, dass es gerade einmal sieben Prozent aller Haushalte schafften, alle drei Mahlzeiten zusammen einzunehmen. Das mag man bedauern, aber letztlich war das ständige gemeinschaftliche Essen teuer erkauft. Es war nur dadurch möglich, dass die Frau zu Hause arbeitete und sich der Ehemann, ob Anwalt oder Sachbearbeiter, mittags für ein oder zwei Stündchen zu Hause einfand.

Diese Zeiten sind jetzt vorbei und sie kommen auch nicht wieder, sagt Ute Meier-Gräwe, Soziologin und Familienforscherin, die schon seit Jahren untersucht, wie die Deutschen sich ernähren. Und diese Entwicklungen findet sie gar nicht tragisch. Denn neben dem Trend zum mobilen Essen bleibt eines beständig: Familien legen noch immer sehr viel Wert auf gemeinsames Essen, nicht mehr am Mittag, sondern eher abends. Nur variiert sehr stark, was die Familien essen: Der Weg des geringsten Widerstandes sind noch immer Pommes und Würstchen – ernährungswissenschaftlich gesehen eine Sünde. Besonders Akademikerhaushalte achten dagegen darauf, dass viel frisches Obst und Gemüse auf den Tisch kommt. So spiegeln sich die Unterschiede zwischen den gesellschaftlichen Schichten noch immer im Essen wider.

Wie wichtig das gemeinsame Abendessen ist, bestätigt auch eine Umfrage des Marktforschungsinstituts GfK, das Zahlen aus den vergangenen zehn Jahren vergleicht. Die Menschen essen immer weniger zu Hause, selbst das heimische Frühstück wird immer unbeliebter. Mehr als ein Viertel der Menschen nimmt es lieber unterwegs zu sich oder verzichtet ganz darauf. Nur abends essen die Deutschen fast immer gerne zu Hause – Tendenz steigend.

Dieses Abendessen, besonders am Wochenende, wird immer mehr zu einem Gemeinschaftserlebnis, bei dem nicht nur die Hausfrau hinter dem Herd steht, sondern die ganze Familie schrubbt und schnippelt. Denn was diese Zahlen nicht sagen: Früher war das gemeinsame Essen nicht immer ein Zeichen beglückender Harmonie. Früher war es oft schlicht wirtschaftliche Notwendigkeit, dass man sich zum gemeinsamen Essen zusammenfand. Und wegen der Tischzucht dominierte der Zwang. Doch was ist ein gemeinsames Essen wert, das nicht gleichzeitig aus einem gelungenen Gespräch besteht? Es reicht nicht, nur im Gleichtakt die Gabel zum Munde zu führen.

Womöglich geht das Gemeinschaftserlebnis bald so weit, dass man gar keine eigene Küche mehr braucht – so wie inzwischen auch längst nicht mehr jeder ein eigenes Auto fährt. Vielleicht gibt es in fünfzehn Jahren allerorten große Gemeinschaftsküchen in der Nachbarschaft, in denen man sich zum gemeinsamen Kochen trifft, wie der Nahrungsmittelkonzern Nestlé in seiner Zukunftsstudie orakelt. Dann bekommt das Essen wieder eine ganz neue Bedeutung.

Schon jetzt ist das Feld ziemlich ausdifferenziert; so gibt es die unterschiedlichsten «Kochtypen»: den Edelkoch, der sich die Starköche dieser Welt zum Vorbild nimmt und dafür nur die besten Lebensmittel nutzt; den Wochenendkoch, der meist in größerer Gruppe das Brutzeln als neue Freizeitaktivität entdeckt hat; den Gelegenheitskoch, der sich nur selten dazu durchringen kann, etwas in die Pfanne zu tun. Im Rückzug befindet sich nur der Allgemeinkoch – sprich die Hausfrau, die bei Königsberger Klopsen genauso reüssierte wie beim Schweinebraten. Vor allem aber gibt es den Snacker, der in der Woche viel unterwegs ist und sich vornehmlich mobil ernährt.

Boxenstopp bei Käs' Petri

Diese Snacker landen auf der Durchreise jetzt bei Käs' Petri in der Hauptwache. Doch dort erwartet sie kein fettiges Fast Food. Stattdessen türmen sich belegte Vollkornbrote in der Vitrine, frische Salate, eingepackt in quadratische Plastikbehälter, und etwa Kichererbsen. Auch den guten Wacker's Kaffee aus dem kleinen Geschäft nebenan am Kornmarkt gibt es hier, weil Bekir die regionale Wirtschaft unterstützen will. An der Wand steht eine mannshohe Orangenpresse, die in Sekundenschnelle frisch gepressten Saft herstellt. Vitamine, Mineralstoffe, Ballaststoffe, über all das kann Haci Bekir Korkmaz mit seinem leicht singenden türkischen Akzent so selbstverständlich sinnieren, als hätte er sein Leben lang nichts anderes in Deutschland gemacht.

Das aber ist der entscheidende Unterschied: Früher war Essen unterwegs immer der Sündenfall. Etwas anderes als Mangelernährung gab es dort nicht. Jetzt kann man sich oft frischer und ausgewogener ernähren als zu Hause, und man muss sich noch nicht einmal groß anstrengen.

Bei Bekir gibt es dazu noch etwas mediterrane Ernährungsberatung. Er kann zwar den Boxenstopp in seinem Laden nicht verlängern; die Leute wollen schnell bedient werden, weil die nächste S-Bahn wartet. Aber er rät den

Kunden immer, doch wenigstens langsam zu essen. «In der Türkei nimmt man sich einfach ein bisschen mehr Zeit für das Essen.» Und das funktioniert sogar zwischendurch.

Der
KÖRPER
gibt der
ZEIT
ihren
lebendigen
GESCHMACK.

6. Kapitel: Von Zeitlupen und Zeitraffern

Boris Razon lebt jahrelang auf der Sonnenseite des Lebens: Der Franzose, geboren 1975, besucht die Elitehochschule Ecole Normale Supérieure und ist nicht einmal dreißig Jahre alt, als er Onlinechef der französischen Zeitung *Le Monde* in Paris wird. Er hat eine schöne, intelligente Frau an seiner Seite, Caroline, die er bald heiraten möchte. Doch dann kommen die Schmerzen, im Kroatienurlaub fängt es langsam an. Nach und nach werden sie größer, einige seiner Glieder werden taub. Das alles fühlt sich so skurril an, dass er ins Krankenhaus geht. Dort fällt er ins Koma – und niemand weiß, warum. Abgemagert, mit geschlossenen Augen liegt er bald da, auf das weiße Laken gebettet. Zu diesem Zeitpunkt ist er fast vollständig gelähmt. Das pumpende Rauschen der Beatmungsmaschine erfüllt den Raum. Einen Monat lang, Tag für Tag, massiert Caroline seinen Körper, salbt ihn, streicht die Bettwäsche glatt. Lange Zeit wissen die Ärzte nicht, was los ist. Schließlich haben sie die Antwort: Boris leidet am seltenen Guillain-Barré-Syndrom, einer schweren Nerveninfektion, die den Patienten seiner Sinne beraubt und den Geist nahezu vollkommen einsperrt in einen Körper ohne Tore nach außen. Wo Boris sich infiziert hat, weiß er bis heute nicht.

Einen Monat lang liegt er regungslos da, dann plötzlich beginnt sein Kinn zu zucken. Seine Augenlider flattern unmerklich. Langsam erwacht er, am folgenden Tag bewegen sich seine Gesichtsmuskeln wieder, schwerfällig äußert er Laute. Erst Wochen später ist es ihm möglich, seine Geschichte zu erzählen: Er, der einen Monat lang im Koma lag, war gefühlt einhundert Jahre in einer wilden Fantasiewelt gefangen.

Einhundert Jahre, das klingt übertrieben, metaphorisch. Aber genau so meint Boris Razon es. Nach und nach berichtet er seinem staunenden Umfeld von einem surrealen, epischen Traum voller Wunderwesen, einem Traum in HD-Qualität, zum Verwechseln ähnlich mit der Realität. Er fantasiert, dass er im Krankenhaus in ein Gestell gehängt wird. Dass er in eine Geiselnahme mitten im Hospital gerät, bis die Polizei ihn befreit. Er fährt mit dem Aufzug buchstäblich in die Unterwelt, wo japanische Geishas ihn mit ihren Zöpfen peitschen. Er flieht auf ein Boot, auf dem eine wilde Technoparty steigt, die sich zur Orgie auswächst, er springt über Bord, wandert auf dem Meeresgrund umher, wird von einem metallenen Arm gepackt, auf ein Piratenschiff verfrachtet und geht auf Beutezug vor Singapur. Mehrmals entgeht er haarscharf dem Tod durch Erschießen, er tötet selbst im Affekt Menschen. Mehrmals erlebt er seine eigene Beerdigung, manchmal in skurrilen Ritualen mit aufrecht gehenden Hunden in Spitzenröckchen, die Totenhemden verteilen. Boris weiß irgendwie, dass das ein Traum ist, will zum Krankenhaus zurückgelangen, aber schon gerät er in das nächste Abenteuer oder gar in eine weitere Hölle.

Noch Tage nachdem Boris Razon zum ersten Mal wieder die Augen geöffnet hat, schleicht sich das Delirium in sein Bewusstsein: Er meint, einen Polizisten wahrzunehmen, der ihn für all die begangenen Morde festnehmen wird. Schließlich aber begreift auch Boris Razon: Diese Reise fand nur in seinem Kopf statt. Und während dieser hundert Jahre in seinem Inneren verging tatsächlich nur ein Monat. Die Erfahrung hat ihn so sehr geprägt, dass er darüber einen Roman mit dem Titel *Palladium* schrieb, der in Frankreich ein Bestseller wurde.

Wenn die Zeit sich dehnt

Wenn wir über Beschleunigung reden, dann setzen wir eines immer voraus: dass die Zeit ebenmäßig fließt und wir das auch genau so wahrnehmen. Wenn sich dann das Leben beschleunigt, müssten wir das automatisch und objektiv feststellen können. Ein konstant klackendes Metronom in uns würde uns anzeigen: Früher passierte während einer bestimmten Anzahl von Klackgeräuschen weniger, jetzt ist es mehr, also hat sich das Leben mittlerweile beschleunigt. Aber ist es so einfach? Die Antwort lautet: Nein. Denn während die Uhren zuverlässig im immer gleichen Tempo vor sich hin ticken, nehmen wir etwas anderes wahr. Mal zieht sich die Zeit endlos, dann geht sie wieder vorbei wie im Fluge. Doch wie viel davon passiert außerhalb – und wie viel in uns?

Wie dehnbar die Zeit ist, merkt man schnell, wenn man mit Kindern zusammen ist. Sie teilen einem immer wieder mit, wie sie die Zeit erleben: «Mama, wann sind wir endlich da?» oder: «Wie lange noch, Papa?» Heute kann die Langeweile mit Smartphone und Tablet-Computer überbrückt werden, aber das ändert nichts an der eigentlichen Erkenntnis, dass Kinder die Zeit anders erleben als Erwachsene. Dafür gibt es mehrere unterschiedliche Erklärungsansätze; ein gängiger ist, dass für Kinder alles neu ist und sie deshalb ständig mit ungewohnten Erfahrungen konfrontiert sind. Das führt dazu, dass Kinder sehr präsent im jeweiligen Moment sind. Wenn eine Sechsjährige ihren Geburtstag feiert, ist fast alles unbekannt für sie: der Kuchen, die Gäste, die Geschenke. Für jemanden, der seinen fünfzigsten Geburtstag begeht, ist vieles dagegen Routine. Viele Eindrücke blendet er aus. Deshalb kommt es Erwachsenen so vor, als würde die Zeit schneller vergehen.

Unser Zeitempfinden ist von einer Vielzahl von Faktoren abhängig, das weiß die Wissenschaft durch drastische Krankheitsfälle und Experimente, in denen sich die Zeit extrem gedehnt oder beschleunigt hat. «Verrückt!» findet das auch Boris Razon. Er erlebte eine extreme Verdichtung von Erfahrung, offensichtlich eine Beschleunigung des Bewusstseins. In abgeschwächter Form kennen wir das alle: wenn wir kurz einnicken und dann wieder hochschrecken. Faktisch ist es exakt das, was wir erleben, wenn wir träumen. Ein Traum dauert manchmal nur ein paar Sekunden, in denen man ein ganzes Abenteuer durchlebt. Genauso war es für Boris.

Sicherlich war, was er erlebte, eine höchst eigenartige Erfahrung, ausgelöst durch eine besondere Krankheit. Doch die Zutaten dieser Erfahrung verweisen auf vielerlei Phänomene des Zeitempfindens. Phänomene, die durch unterschiedliche Faktoren beeinflusst werden und uns einen Einblick in das Puzzle des Zeiterlebens gewähren. Da ist die schiere Halluzination selbst. Boris Razon hat seine eigene Theorie: Es wäre viel zu schmerzhaft gewesen, hätte er bei vollem Bewusstsein aushalten müssen, dass er von der Außenwelt abgeschnitten war. «Es erscheint mir, als hätte mein Hirn sich so verteidigt. Denn ohne Körper, ohne Sinnesreize von außen hätte es irgendwann den Laden komplett dichtgemacht.»

Die moderne Hirnforschung stützt das: Bei schlafenden und komatösen Patienten finden sich Muster ähnlich denen, die auftreten, wenn wir tagträumen oder unseren Gedanken nachhängen. Dieses sogenannte «Default Network» ist nicht etwa ein Leerlauf, vermuten Forscher, sondern eine höchst aktive Zeit für unseren Kopf. Wenn das Hirn keinen Input hat, so die Idee, beschäftige es sich mit sich selbst. Vielleicht unternimmt es gar eine Selbstinspektion. Kapazitäten dazu hat das Hirn ja reichlich – von draußen kommt nichts mehr hinein, was verarbeitet werden muss. Das könnte zum Eindruck einer hohen Erlebnisdichte führen. Boris Razon erzählt, sein langer Traum habe über weite Strecken eine negative Grundstimmung gehabt, von untergründiger Paranoia über Angst bis zu offener Panik. Auch eine solche Befindlichkeit beeinflusst das Zeiterleben.

Todesangst stoppt die Zeit

Welche Kapriolen die Zeitwahrnehmung schlägt, kann man auch am eigenen Leib ausprobieren, etwa mit Hilfe von Extremsportarten, beim Houserunning. Da funktioniert es ähnlich. Das wollen wir versuchen und stehen an einem Nachmittag auf dem Dach eines 38-stöckigen Hotels im Osten Berlins. Ein Ganzkörpergurt ist dafür nötig, die Karabiner klicken, schon sitzen wir an der Kante des Flachdachs. Ein Satz nach vorne wie beim Skispringen, und plötzlich stehen wir im rechten Winkel zur Fassade. Im Rücken die Winde mit dem Sicherungsseil. «Schön die Beine durchstrecken!», ruft von hinten Gerald, der uns in diesen skurrilen Sport einweist. Sonst geht es nicht voran. Denn nun laufen wir an der Fassade entlang nach unten. Ein Seil sichert uns, ein weiteres hängt bis zum Bürgersteig hinunter; es führt uns, an ihm «ziehen» wir uns hinab. Der Kontrollverlust ist unvermeidbar, ohne Schreien geht das nicht. Es ist wie ein lang andauernder Fall: Das Gehirn schaltet auf Panik, Tunnelblick, wie hypnotisiert blicken wir 60 Meter nach unten in die Tiefe.

Es dauert endlos lange, bis wir unten ankommen, es waren die längsten 60 Meter unseres Lebens. Vollgepumpt mit Adrenalin, zitternd stehen wir da, als wären wir gerade vor wilden Tieren geflüchtet. Am Boden schlägt das Gefühl urplötzlich in euphorische Erleichterung um, rauschartig fließt es durch die wackeligen Saunabeine und zwingt uns ein manisches Dauergrinsen auf. Und dann erleben wir die Überraschung, als wir auf die Uhr blicken: Nicht zwanzig

Minuten sind vergangen, sondern gerade einmal fünf! Die Panik hat die Wahrnehmung hochgetaktet. Schließlich hat uns der Bauch gemeldet, dass es ums nackte Überleben ging, egal, ob der Verstand wusste, dass wir sicher am Seil hingen.

Die Wissenschaft macht sich schon seit langem Gedanken über diesen Effekt. Berichte von Extremsituationen mit beschleunigter Wahrnehmung gibt es viele. Der Psychologe Marc Wittmann hat einige näher beschrieben: 1892 zum Beispiel stürzte der Schweizer Geologe Albert Heim am Berg Säntis in den Appenzeller Alpen ab. Er überlebte den Sturz, der allenfalls fünf Sekunden gedauert haben kann. Heim aber berichtet, es seien unglaublich viele Gedanken durch sein Bewusstsein gezogen, so viele, wie er sich nicht vorstellen könnte, dass sie in einer solchen Zeitspanne gedacht werden können. Systematische Untersuchungen legen nahe: Bei lebensbedrohlichen Situationen wie Autounfällen, Stürzen oder drohendem Ertrinken verändert sich bei 71 Prozent der Menschen die Zeitwahrnehmung in ähnlicher Weise.

Hier stellt sich nun eine Frage: Ist unser Prozessor tatsächlich hochgetaktet, oder stellt sich das alles nur in der Erinnerung so intensiv dar? Schließlich könnte es sein, dass die Zeit in der Rückschau ausgedehnter scheint. Wie lässt sich das nun überprüfen, wenn man als ehrbarer Wissenschaftler seinen Probanden weder vom Berg schubst noch ihn zum Crash-Test-Dummy macht?

Eine skurrile, aber logische Annäherung dachte sich der amerikanische Neurowissenschaftler David Eagleman aus. Er ist fasziniert von der unterschiedlichen Zeitwahrnehmung, seitdem er als Achtjähriger von einem Dach fiel und sich dieser Sturz für ihn scheinbar endlos hinzog. Weil er am eigenen Leib gespürt hat, wie langsam die Zeit in gefährlichen Situationen vergeht, versucht er diesem Phänomen auf den Grund zu gehen, etwa mit Experimenten wie diesem: Er ließ Probanden von einem 31 Meter hohen Fallturm in einem Freizeitpark stürzen und maß während des Falls ihre Wahrnehmungsgeschwindigkeit. Dazu konstruierte Eagleman ein Armband mit einer LED-Anzeige, bei der die Zahl entweder durch leuchtende Lämpchen oder invertiert dargestellt wurde – hierbei leuchtete also der Hintergrund, die Zahl ergab sich aus den ausgeschalteten Lämpchen. Je schneller die Darstellungsart wechselte, umso schwieriger wurde es, die Zahl zu erkennen – bis man nur noch Flimmern sah. Das war dann die individuelle Reizschwelle des Probanden – der Takt, bis zu dem er Reize auseinanderhalten konnte. Würden die Probanden nun im Fallen Angst bekommen, würde sich ihre Wahrnehmung hochtakten und sie würden die Zahlen lesen können. Die Erlebnisse bestätigten zunächst unser aller Erfahrung: Der Fall wurde länger eingeschätzt, als er tatsächlich dauerte. Aber die Zahlen auf den Armbändern konnten die Versuchspersonen nicht lesen. Den «Zeitlupeneffekt» konnte Eagleman also nicht empirisch nachweisen.

Mit aller Vorsicht lässt sich so erst einmal nur sagen: In bedrohlichen Situationen mag es mehr Eindrücke geben, die wir erinnern. In der Rückschau scheint alles dicht gedrängt und dadurch länger als sonst. Je mehr Angst, desto länger scheint die Situation zu dauern, das belegen viele Experimente: Menschen, die zum ersten Mal einen Fallschirmsprung wagen, schätzen das Prozedere von Flug, Vorbereitung, Absprung, Fall und Landung länger ein, wenn ihre Angst größer ist. Für Menschen mit Spinnenphobie scheinen die 45 Sekunden, die sie eine Spinne aus nächster Nähe anschauen müssen, viel langsamer zu vergehen als für Leute, denen Spinnen herzlich egal sind.

Wenn die Zeit nur so fliegt

Doch so ergeht es nicht nur Phobikern, sondern uns ganz allgemein, wenn wir negativen Reizen ausgesetzt werden. Immer wieder scheint den Versuchspersonen die Zeit besonders lang, wenn sie Lärm, Babyweinen oder den Streit eines Paares hören. Oder wenn sie Bilder von Verkehrsunfällen oder angriffslustigen Klapperschlangen betrachten. Oder wenn sie einen Ausschnitt aus einem Horrorfilm schauen müssen. In allen Versuchen schätzen die Versuchspersonen die Zeit, in der ihnen die harmloseren Bilder, Geräusche oder Filme gezeigt werden, als kürzer ein. Der Zeitlupeneffekt stellt sich also bei allem ein, was Furcht oder Fluchtreaktionen auslöst. Egal, ob Boris Razon also paranoide Bedrohungsszenarien halluziniert, ob wir ein Hochhaus hinunterlaufen oder Menschen sich wirklich in lebensbedrohlichen Situationen befinden: Das scheint im Nachhinein eine gedehnte Erfahrung.

Aber ist das wirklich eine Beschleunigung im Erleben? Selbst wenn ein Forscher mit einem Fallturm-Experiment doch noch beweisen würde, dass in Extremsituationen eine hoch getaktete Informationsverarbeitung vorliegt, würde uns das auf unserer Suche nach einer Erklärung der zunehmenden Hetze im Alltag nicht weiterbringen. Denn eigentlich müsste das Gegenteil der Fall sein: Das Hirn müsste langsamer arbeiten, es könnte eine normale Anzahl an Reizen nicht mehr verarbeiten, weshalb alles schneller erscheint.

Genau das ist einem Düsseldorfer Angestellten passiert, den die Forschung unter der Initiale B. kennt. Der Wissenschaftsautor Stefan Klein hat dessen Erlebnisse so beschrieben: Der Mann saß gerade nichts ahnend im Auto, als er bemerkte, wie die anderen Fahrzeuge in abstruser Geschwindigkeit auf ihn zurasten. Komplett irritiert, ignorierte B. erst einmal zwei rote Ampeln, ehe er rechts ranfuhr. Immer noch flitzten die Fußgänger an ihm vorbei. Zu Hause bot sich ihm dasselbe Bild. Seine Frau und seine Tochter hetzten durch die Zimmer, obwohl sie ihm versicherten, sich normal zu bewegen. Im Krankenhaus maß man die Abweichung konkret: Verging eine Minute, hatte er den Eindruck, es seien vier oder fünf Minuten. Schließlich fanden die Ärzte einen Tumor im Stirnhirn, der offensichtlich auf Hirnareale drückte, die für die Zeitwahrnehmung wichtig sind. Nachdem der Chirurg den Tumor entfernt hatte, verschwand auch der Zeitraffereffekt. Doch heilen konnten die Ärzte B. nicht, drei Jahre später starb er.

Solche Patienten sind rar, aber für die Wissenschaft aufschlussreich. Wenn es ein Hirnareal gäbe, das für die Taktung der Wahrnehmung verantwortlich ist, dann ließe es sich durch solche Fälle ermitteln. Das Problem ist nur: Ein einziges zuständiges Zentrum wurde bislang nicht gefunden. Ohnehin scheint eher ein komplexes Netzwerk beteiligt zu sein. Denn bei manchen Hirngeschädigten beschränkt sich der Zeitraffer auf den Sehsinn. Sobald sie die Augen zumachen und nur auf eine Musik lauschen, haben sie eine normale Zeitverarbeitung. Manche weisen Störungen in den rechtsseitigen Regionen des Hinterhaupt- und Scheitellappens auf, bei anderen scheinen andere Areale beteiligt.

Dass das Hirn uns irgendwie den Takt vorgeben muss, galt lange Zeit nicht als selbstverständlich. Wissenschaftler wunderten sich, dass wir allerlei klar erkennbare Sinnesorgane haben, darunter aber keines für die Zeit, und stellten die seltsamsten Hypothesen auf. Der Wiener Physiker Ernst Mach postulierte im Jahre 1865, ein solches Zeitorgan müsse in unseren Ohren versteckt sein, weil wir die Zeit ja mittels Taktschlägen hören und einschätzen können. Oder ist nicht praktischerweise der menschliche Puls das ultimative Messinstrument? Auf die Idee kam in den frühen 1930er Jahren der Physiologe Hudson Hoagland, als er merkte, dass seine fieberkranke Frau ungeduldig wurde, weil er angeblich bei den Besorgungen außer Haus bummelte. Er ließ sie zählen, stoppte die Zeit und merkte, dass sie unter Fieber schneller zählte, so als würde ihr erhöhter Puls auch ihren Zeitsinn auf Trab bringen. Oder ist es der Atem? Der Forscher Binkofski, der sich schon dem Patienten B. gewidmet hat, ließ Musiker schneller atmen. Flugs spielten sie ihre Musik rasanter.

Irgendeinen Vergleich zwischen äußeren Reizen und innerem Takt muss es geben, sonst hätte auch Boris Razon nicht so dermaßen danebenliegen können in dem Monat, der für ihn gefühlte hundert Jahre lang war. Das ist nur erklärbar, wenn Razon tatsächlich von äußeren Reizen nahezu abgeschnitten war und darüber hinaus womöglich noch nicht einmal seinen eigenen Atem und Herzschlag wahrgenommen hat. «Ich erinnere mich an Theorien, die sagen: Die Zeit existiert nicht, denn sie ist komplett relativ. Mir ist bewusst geworden, dass die Zeit von der Bewegung abhängt. Und die Bewegung – das ist der Körper. Er ist es, der der Zeit ihren Wert gibt», berichtete er uns Jahre später in seiner Küche in Paris.

Damit liegt er gar nicht so entfernt von neueren Zeittheorien, die besagen: Die Wahrnehmung unserer inneren Reize könnte maßgeblich für die Zeitwahrnehmung sein. Man nennt das Propriozeption, wörtlich: Eigenwahrnehmung oder auch Interozeption, die Innenwahrnehmung. Tatsächlich zeigt sich in Versuchen, in denen die Teilnehmer ihre Herzfrequenz ohne Pulsmessen nur durch «Hineinhören» in ihren Körper bestimmen sollen, dass diese Menschen insgesamt eine bestimmte Dauer besser einschätzen können. Mehr noch: Die Zeit scheint sich für diejenigen, die explizit in sich hineinhören, zu dehnen. Das ist zum Beispiel auch in sogenannten Isolationstanks der Fall. Hier schwimmt der Versuchsteilnehmer in lauwarmem Wasser, abgeschirmt von Schall und Licht. Weil äußere Reize entfallen, richtet sich das Erleben noch stärker auf das Innere.

So gesehen ist Zeit also nichts, was einem festgefahrenen Schema folgt. Sie entrinnt uns nicht im immer gleichen Tempo oder – noch schlimmer – in immer schnellerem Tempo. Im Gegenteil: Unsere Wahrnehmung von Zeit verändert sich stets aufs Neue, je nachdem, was wir gerade tun und wie es uns dabei geht. Warum das so ist, ist noch in vielerlei Hinsicht ungeklärt. Aber deutlich wird doch so oder so: Wir sind dem nicht machtlos ausgeliefert, wenn wir nicht gerade in unserem eigenen Körper eingeschlossen sind, so wie es Boris Razon ergangen ist. Er spürte jedenfalls am eigenen Leib, wie körperlich die Zeit ist: «Als ich wieder erwacht war, zog sich die Zeit extrem hin, bis ich mich überhaupt ein wenig bewegen konnte», erzählte er. Im Sommer erwachte er aus dem Koma, aber erst im folgenden Januar konnte er wieder ohne die Hilfe der Maschine alleine atmen. Monatelang musste er mühsam jeden Muskel trainieren, bis er ins Leben zurückfand. «Dieser Monat im Delirium, das waren für mich einhundert Jahre. Aber die Reha, das waren noch einmal einhundert Jahre. Der Körper gibt der Zeit ihren lebendigen Geschmack.»

Wer eine
60-Stunden-
Woche
hat, kann nur
nicht
rechnen.

7. Kapitel: Eingequetscht zwischen Beruf und Familie

Bis vor kurzem war Emmas Welt noch in Ordnung. Sie hat einen Mann, zwei kleine Kinder und einen Job, der sie zwar fordert, der ihr aber auch gefällt, weil er für sie bedeutsam ist. Sie analysiert die Finanzlage osteuropäischer Staaten, beurteilt, ob sie ordentlich gemanagt werden oder kurz vor dem Staatsbankrott stehen. Ihre Einschätzung hat Gewicht, Investoren studieren sie, bevor sie beispielsweise ihre Kaufentscheidung für tschechische Staatsanleihen fällen. Außerdem lebt sie noch mitten in London, der Stadt, in der sie studiert hat und die sie so sehr mag. Die Stadt, deren Trubeligkeit sie zwar mitunter überfordert, in der sie sich aber doch so sehr zu Hause fühlt wie nirgendwo sonst. Natürlich war das Leben anstrengend und manchmal kaum in den Griff zu bekommen als Familie mit zwei Kindern und zwei Vollzeitjobs. Doch wenn es einmal eng wurde, mit ihrer Arbeit und der ihres Mannes, flog ihre Mutter bereitwillig ein und griff ihr unter die Arme.

Tatsächlich war nichts in Ordnung, das weiß sie jetzt, zwei Jahre später, da ihr Leben in Scherben liegt. Vor allem ihre Beziehung und all die anderen Dinge, die damit zusammenhängen: ihr Selbstwertgefühl, ihr Seelenheil – und ja, auch die Kinderbetreuung. Deshalb erzählen wir ihre Geschichte auch nicht unter ihrem richtigen Namen. Emma heißt nicht Emma, aber ihr Leben funktioniert jetzt wie das von vielen Vätern und Müttern. Jeder Tag ist eine neue Herausforderung, die es nun alleine zu meistern gilt. Jetzt weiß sie, dass Kinder nicht nur ein großes Glück, sondern auch eine große Belastung für eine Beziehung sind.

Kinder wollen Zeit

Niemand hat je behauptet, dass das Leben mit Kindern einfach ist. Das war es aber auch schon früher nicht, deshalb lief die Kinderbetreuung nebenher, auf dem Feld oder auf der Straße. Das war machbar und ist es auch heute, nur ging dabei auch eine ganze Menge Potential verloren. Kinder brauchen Aufmerksamkeit, und die verdienen sie auch, weil sie bei der Ackerernte eben nicht spielend und nebenbei Zahlen, Formen, Sozialverhalten und neue Sprachen lernen, die sie heute so dringend brauchen. Das mag man noch so hysterisch finden, noch so überkandidelt, aber die Gesellschaft wird sich deshalb nicht zurückentwickeln auf das Raufboldniveau der Straßenkinder. Das macht die Sache aufwändiger.

Die Zeit als frischgebackene Eltern ist ohnehin merkwürdig, weil es so schwerfällt, nach einer Welle der Selbstoptimierung plötzlich fremdbestimmt zu sein. Was waren wir vorher selbstständig, haben die Ausbildung gemeistert, womöglich die halbe Welt bereist und sogar schon ordentlich Geld verdient! Verzicht ist eine Kategorie, in der wir nicht gewohnt sind zu denken. Das ist ein Relikt der Nachkriegszeit. Dann jedoch werden wir eines Besseren belehrt, stoßen an Grenzen und müssen zurückstecken – für fremde Bedürfnisse, die so plötzlich und ungezügelt mitgeteilt werden, dass es schmerzt. Die größte Angst vor der Geburt ist, das schöne, interessante, aufregende Leben zu verlieren. Und doch passiert erst einmal genau das, das Leben wird ganz anders schön, interessant und aufregend.

Dass Kinder Kraft kosten, ahnen selbst kinderlose Effizienz-Naturtalente, denen es immer gelingt, aus ihrem Leben das meiste herauszuholen. Von diesem Ziel müssen sich Eltern verabschieden, nicht für immer, aber doch für eine lange Zeit. Das fällt schwer. Grotesk fällt der Unterschied zwischen vorher und nachher selbst dann aus, wenn man versucht, das Haus zu verlassen. Niemand hat das so wunderbar auf den Punkt gebracht wie der britische Comedian Michael McIntyre in seiner Stand-up-Show «People with no kids don't know». Früher war das Ausgehen eine Kleinigkeit, in seiner Profanität nicht der Rede wert. Man griff die Schuhe und allenfalls den Mantel, warf ihn über, noch während man die Tür öffnete. Schon war man über die Schwelle getreten nach draußen, hatte den Schlüssel gezückt und quasi im Vorbeigehen die Tür verriegelt.

Wie anders ist das Leben, wenn erst die Kinder da sind! Jeder Ausflug muss von langer Hand geplant werden. Eigene Bedürfnisse lassen sich problemlos zügeln, den Bedürfnissen der Kinder ist man hilflos ausgeliefert. Bevor Michael McIntyre jetzt mit seinem Nachwuchs das Haus verlässt, lässt er eine schier endlose Zahl von Ankündigungen, Warnungen, Bitten, Drohungen los; ein verlorener

Schuh wird verzweifelt gesucht, der Kampf mit dem Reiß-verschluss der Kinderjacke verloren gegeben. Das Chaos gipfelt in der Komplettverweigerung des Jüngsten, offensichtlich im Kindergartenalter, das Haus zu verlassen. So sieht das Ritual in vielen Haushalten aus. Und das morgens zu einer Zeit, in der viele noch nicht einmal den Mund aufgemacht haben.

Sicherlich, morgendlichen Ärger gibt es überall – das Auto im Stau, die überfüllte U-Bahn, der genötigte Fahrradfahrer. Aber selten lodern die Emotionen so unkontrolliert wie bei kleinen Kindern, und das jeden Tag aufs Neue, wenn der Sohn vor Trennungsschmerz im Kindergarten zum Berserker wird. Von dem morgendlichen Tohuwabohu völlig ausgelaugt, kommen Eltern ins Büro gehetzt, nur um festzustellen, dass der Tag gerade erst begonnen hat. Man ist noch voller Emotionen, aber im Büro erwähnt man die Kinder tunlichst nicht. Jedenfalls nicht in allen Details, nicht einmal ironisch gebrochen. Je weiter der Tag voranschreitet, desto unruhiger wird man, weil es einen doch wieder in die andere Richtung drängt, weg vom Schreibtisch, zurück ins Spielzimmer, und sei es nur, um nach dem Rechten zu sehen. Ohne uns läuft schließlich nichts, weder im Büro noch zu Hause.

Wer muss sich entscheiden?

«Geht alles gar nicht – und schon gar nicht zusammen», so lautet das Mantra unserer Zeit. Frauen treten den Rückzug aus ihrer hart erkämpften Karriere an, weil sie mehr Zeit mit ihren Kindern wollen und fürchten, beidem nicht mehr gerecht werden zu können. Anne-Marie Slaughter wurde mit ihrem Lamento selbst in Europa berühmt, obwohl sie in ihrer herausgehobenen Stellung wohl kaum als Exempel für ein Massenphänomen taugt. Sie hatte es zu einer ansehnlichen Karriere in Washington gebracht, sie war die erste Frau an der Spitze des Planungsstabs im Weißen Haus, direkt der damaligen Außenministerin Hillary Clinton zugeordnet. Richtig bekannt wurde sie aber nicht durch die Ernennung, sondern durch ihren Abgang: Sie verabschiedete sich mit einem Artikel, der einschlug wie eine Bombe. Er war eine fulminante Abrechnung mit dem feministischen Slogan «Ihr müsst es nur wollen» und ein ehrliches Eingeständnis, die Karriere hinschmeißen zu wollen, um mehr Zeit für ihren beiden Söhnen im schwierigen Teenager-Alter haben zu können. Der Artikel geriet so persönlich mit allerhand Details über das Fehlverhalten ihrer pubertierenden Söhne, dass man getrost daran zweifeln kann, dass sie ihnen damit einen großen Gefallen getan hat.

Ihr Fazit jedenfalls lautet: Frauen, die es in ihrem Job zu etwas bringen wollen, können das derzeit nur tun, wenn sie die volle Kontrolle über ihr Arbeitspensum haben. Und die haben sie nur an der Spitze, wo es kaum Frauen gibt. Deshalb muss sich die Gesellschaft ändern, fordert Slaughter. Nur wie? Selbst die Karrierepolitikerin ist hin- und hergerissen zwischen der Frage, ob es Eltern künftig leichter gemacht werden soll, Karriere zu machen, oder ob es ihnen leichter gemacht werden soll, sich für die Familie zu entscheiden. Das allerdings sind zwei völlig verschiedene Dinge.

In den Chor, dass sich die Welt tunlichst ändern sollte,

stimmen inzwischen auch viele Väter ein, denn sie beobachten das bunte Treiben schon seit geraumer Zeit nicht mehr von der Seitenlinie aus, spätabends, wenn sie wieder einmal länger im Büro gewesen sind als unbedingt nötig. Sie sind jetzt mit von der Partie, bringen sich in die Erziehung ihrer Kinder ein, sind ein echter Teil des Familienlebens. Und seitdem dämmert auch ihnen, was Generationen von Vätern allenfalls aus Erzählungen kannten, die sie nie so recht glauben wollten: dass Kinder ein großes Glück sind, aber manchmal auch anstrengend. Dass es wenig Anerkennung für einen Spielnachmittag und schon gar keinen Preis für eine aufgeräumte Küche gibt. Weil es nicht lange dauert, bis die genauso aussieht wie vor der Putzorgie. Vergeudete Zeit.

Es würde ja schon helfen, wenn die Welt einfach einen realistischeren Blick auf die Dinge bekommen würde. Lange Zeit waren die Mühen des Elterndaseins ein Tabu in der Arbeitswelt, karrierebewusste Männer redeten tunlichst nicht darüber, wie mühevoll es zuweilen zu Hause abging (wenn sie es denn mitbekamen). Jetzt tauchen die Männer neben ihrem Beruf häufig auch noch voll in das Familienleben ein – und ernten dafür entsetzte Blicke vom Chef. Schon die Elternzeit ist eine Zumutung, aber damit ist die Kinderziehung ja noch lange nicht abgeschlossen. Und der Chef hat zwar fest damit gerechnet, dass Frau Müller ausfällt, wenn die Kinder krank sind, aber nun doch bitte nicht auch noch Herr Mayer.

Kurioserweise spielt der Neid eine Rolle. Neid auf ein vermeintlich besseres Leben. In einem teuren Frankfurter Restaurant lamentierte jüngst ein hoch bezahlter Partner einer internationalen Anwaltskanzlei in weinseliger Laune, wie er in seiner Karriere jetzt die doppelte Ladung abbekommt: Während seiner Lehrjahre auf dem Weg zum Kanzleipartner musste er schon ordentlich Überstunden schieben, so war es damals üblich. Nun hat er seine lang ersehnten Herrenjahre endlich erreicht und muss wieder ranklotzen, weil die viel umworbene Generation Y schon gleich zum Anfang ihrer Karriere eine Work-Life-Balance einfordert, die sich bei den Wirtschaftsanwälten planmäßig doch erst Jahre später einzustellen hat. Und wer muss diese Lücke nun füllen? Er, der Partner in seinen Herrenjahren, der allerdings auch eine Frau hat, die ihm den Rücken freihält. Dazu sind heute immer weniger Frauen bereit.

In solchen Diskussionen reiht sich Lamento an Lamento: Die Politik, die Arbeitgeber, die Ansprüche, alles muss sich radikal ändern. Das Drama am Morgen, das Drama am Abend vor dem Zubettgehen haben Eltern zur Genüge vor Augen. Aber eben vor allem das. Die vielen schönen Momente, das große Glück und die kleine Freude, wenn doch mal alles reibungslos klappt und sich das Kind völlig unverhofft in ein unbeschwertes, sozialkompetentes Wesen wandelt, gibt es zwar auch. Nur fräsen die sich nicht so tief in das Gedächtnis ein. Da kann es schon mal helfen, schwarz auf weiß zu sehen, dass der Weg zu einem ausgewogenen Leben doch gar nicht so weit ist.

Die neue Freiheit

Das hat auch Emma entdeckt, nachdem ihr Mann sie nach zehn Jahren Ehe für eine andere Frau verlassen hat und etwa zur gleichen Zeit ihre Mutter an Krebs starb. Monate mit Herzschmerz hat sie bereits hinter sich, Monate liegen noch vor ihr. Und zwischendrin muss sie für ihre beiden Kinder eine gute Mutter sein.

Mit all diesem Ballast sitzt sie eines Morgens in ihrem neuen Lieblingscafé und wartet geduldig. Es ist ein kalter Montagmorgen, sie ist auf dem Sprung ins Büro, deshalb ist ihre Geduld besonders bemerkenswert. Emma ist kein Mensch, bei dem man besonders viel Zeit vermutet, vor allem seitdem sie mit dem Stempel «alleinerziehend» lebt. In ihrem Leben ist eigentlich kein Platz für Geduld, solange das Drama regiert.

Trotzdem sitzt sie da, trinkt einen Latte Macchiato und dann noch einen und scheint alle Zeit der Welt zu haben. Wer Emma auf diese ungewohnte Ruhe anspricht, bekommt etwas Merkwürdiges zu sehen. Dann kramt sie in ihrer Tasche und holt einen großen Bogen hervor, bedruckt mit einem monströsen Gitter, bestehend aus vielen Kästen und allerlei Beschriftungen. Den legt sie auf den Tisch und sagt: «Das ist mein Leben.» Mit dem Finger wandert sie zum Montagmorgen, dort steht auf dem Kästchen von 8 Uhr bis 8:30 Uhr: Kinder zur Schule bringen. In der halben Stunde danach: «Freie Zeit zum Einkaufen oder anderes.» Ab 9 Uhr: Arbeit. Es ist 9:13 Uhr. «Ein bisschen Spielraum ist drin», sagt sie lächelnd.

Der ganze Wust von Kästchen und Beschriftungen bietet einen erschütternden Anblick. Das ganze Leben durchgetaktet, fest eingepresst in ein unbewegliches Gitter, von 6 Uhr morgens bis abends um 22 Uhr, dazwischen keinen Freiraum, keine Zeit für ein bisschen Wildwuchs. Schlafen,

Workout («Das streiche ich wieder»), Kinder, Essen, Arbeiten, Kinder, Essen, Schlafen. Bis zu den nächsten Ferien. Macht so viel Taktung Angst? Sie schüttelt den Kopf, ziemlich energisch. Im Gegenteil. «Jetzt weiß ich endlich, wie viel freie Zeit ich habe.» Und die hat sie. Nur ist an diesen Stellen kein Weißraum, vielmehr zeigt sie nacheinander auf jeden Morgen in der Woche zwischen 8.30 und 9.00 Uhr, tippt mittags noch einmal auf diverse Stellen und landet dann schließlich mit dem Finger auf Donnerstagabend. «Sport» steht da groß. Emma lächelt zufrieden. «Oder etwas anderes.»

Das hat sie Laura Vanderkam zu verdanken. Der ist sie nie begegnet, und trotzdem hat diese etwas erreicht, was Emma niemals für möglich gehalten hätte: Sie hat Platz in ihrem Leben geschaffen. Die Amerikanerin hat mehrere Bücher darüber geschrieben, wie erfolgreiche Menschen ihren Tag strukturieren. Der wichtigste Unterschied liegt in der Zeit zwischen 5 und 7 Uhr morgens, das sei hier auf die Schnelle verraten, also noch vor dem Frühstück. Wirklich erfolgreiche Menschen treiben dann Sport, schreiben ganze Bücher, entwickeln eine Roadmap für den seit Jahrzehnten schwelenden Israelkonflikt, am besten noch während des morgendlichen Dauerlaufs. Denn morgens hat man sich noch im Griff, wenn es um das Zeitmanagement geht. Abends brechen alle Dämme, da sind wir willenlos, so lautet ihre These.

Doch um außergewöhnliche Ziele geht es hier nicht. Erfolg und Karriere sind nicht die Kategorien, in denen Emma denkt, jedenfalls jetzt nicht. Emma möchte ihr Leben in den Griff bekommen, und das, findet sie, gelingt ihr mit ihrem beeindruckenden Raster. Für sie ist es schon eine neue Erkenntnis, dass sie überhaupt so viel freie Zeit zur Verfügung hat – wie übrigens viele andere auch.

Dabei helfen die blanken Zahlen. Viele Menschen überschätzen schlicht die Zahl der Stunden, die sie jeden Tag im Büro oder mit Arbeit verbringen. Kurz gesagt: Wer eine 60-Stunden-Woche hat, kann nur nicht rechnen. Laura Vanderkam hat über Jahre hinweg die Wochenplaner ihrer Kundinnen studiert, erfolgreiche Mütter, die ein Jahresgehalt von 100.000 Dollar einstreichen. Das Ergebnis: Gefühlte und tatsächliche Arbeit lagen dort sehr weit auseinander. Gefühlt waren sie absolute High-Performer, ständig für ihre Arbeit im Einsatz, immer unterwegs, ununterbrochen in Conference-Calls. Tatsächlich waren sie allesamt weit von dem obligatorischen Zwölf-Stunden-Arbeitstag entfernt, den erfolgreiche Menschen wie eine Monstranz vor sich hertragen. Durchschnittlich 44 Stunden in der Woche kamen heraus, wenn diese Frauen ehrlich Buch über ihre Arbeitsstunden führten. Nur sechs Prozent der Frauen haben tatsächlich die 60-Stunden-Marke gerissen. Vanderkam konzentriert sich auf berufstätige Mütter, Männer hat sie leider gar nicht erst gefragt; vieles spricht dafür, dass es ähnlich, wenn nicht gar dratischer ausgefallen wäre. Ökonomen nennen das Phänomen «Overconfidence», der Volksmund schlicht Vermessenheit, was die meisten Menschen besonders im Berufsleben befällt. Wir glauben alle, dass wir mehr und besser als alle anderen arbeiten – und verkennen dabei, dass das schon rein statistisch gar nicht geht.

Wie die Zeit vergeht

Die Relativierung der Überstunden ist keine Spezialität von Vanderkam, Ähnliches bringt auch das Statistische Bundesamt zutage in seiner Auswertung *Wie die Zeit vergeht*, die uns bereits begegnet ist. Darin stellt die Behörde fest: Pro Woche leisten Menschen in Deutschland durchschnittlich rund 45 Stunden Arbeit. Das klingt nach viel. Allerdings entfällt darauf nicht einmal die Hälfte auf die Tätigkeit, mit der wir unser Geld verdienen. Der weitaus größere Anteil, nämlich 24,5 Stunden, ist unbezahlte Arbeit, also Tätigkeiten, die nie enden wollen: Kochen, Waschen, Einkaufen – und ja, auch die Kinderbetreuung. Bei Frauen liegt dieser Anteil, wenig überraschend, weitaus höher. Ihre Erwerbstätigkeit ist niedriger, die unbezahlte Arbeit nimmt fast doppelt so viel Platz ein wie bei Männern. Es lässt sich aber auch Gutes berichten: Der Zeitaufwand für häusliche Tätigkeiten hat sich erheblich reduziert, Frauen verbringen dreieinhalb Stunden weniger die Woche mit Kochen, Putzen und Wäschewaschen. Der ganze Dreck hat sich allerdings nicht in Luft aufgelöst, inzwischen gibt es allerlei Hilfsmittel, die uns bei der täglichen Arbeit unterstützen: Waschmaschine, Spülmaschine, Staubsauger. Außerdem werden die Menschen mit zunehmender Arbeit schmutztoleranter – oder sourcen das Problem an die Putzfrau aus.

Bei den Eltern kommt die Kinderbetreuung noch einmal obendrauf, auch das ist keine überraschende Erkenntnis. Allerdings scheint sie, in Stunden gemessen, auch erstaunlich überschaubar. Zehn Stunden in der Woche arbeiten sie mehr als Erwachsene ohne Kinder. Dabei ist die Kinderbetreuung noch immer ziemlich ungleich verteilt. Im Durchschnitt verbringen Mütter eine Stunde und 45 Minuten am Tag mit ihren Kindern und damit etwa doppelt so viel wie Väter, die sich mit 51 Minuten begnügen. Das sind übrigens 10 Minuten mehr pro Tag als noch vor zehn Jahren. Wem das zu wenig vorkommt, hat wahrscheinlich recht: Häufig erledigen Eltern Dinge auch gleichzeitig, in der Statistik taucht dann nur ein Ausflug auf, aber nicht die Zeit mit den Kindern.

Männer sind übrigens erstaunlich konstant in der Wahl ihrer Work-Life-Balance: Sie verbringen grundsätzlich 62 Prozent der Arbeitszeit mit Erwerbsarbeit, aber nur 38 Prozent mit unbezahlter Arbeit. Das Interessante: Dieses Verhältnis verschiebt sich kein bisschen, wenn ein Kind dazukommt. Dann engagieren sich die Väter zwar mehr zu Hause, aber arbeiten gleichzeitig auch zwei Stunden länger im Büro. Kein Wunder, dass ihnen das mehr zusetzt als der Generation ihrer Väter.

Auch hier ist es ohnehin nicht die Zeit allein, die an den Kräften zehrt, sondern wie sie in Anspruch genommen wird. Mit Kindern sind wir nicht mehr Herr unseres Tagesablaufs, wir geben uns komplett der kindlichen Willkür hin. Es gibt kaum einen Handgriff, den wir vollständig zu Ende führen können, keinen Zeitungsartikel, der einmal störungsfrei von vorne bis hinten durchgelesen, keine Unterhaltung, die unfallfrei zu Ende geführt werden kann. Schon kräht es «Mama» oder lautstark «Papa». Das erzeugt Stress: Die Gedanken werden unterbrochen, der Fokus wird auf andere Dinge gelenkt. Danach dauert es lange, bis wir wieder in die Aufgabe zurückgefunden haben.

Zu Multitasking gar nicht fähig

Das sind die Momente, in denen wir schmerzlich daran erinnert werden, dass selbst der hypermoderne Mensch mit Smartphone-Dauerbenutzung im Straßenverkehr für Multitasking schlicht nicht gemacht ist. Auch wenn wir es gerne anders hätten: Hirnforscher wissen schon längst, dass wir zu echtem Multitasking eigentlich gar nicht fähig sind. Müssen wir eine Entscheidung treffen, sind die zuständigen Nervenzellen beschäftigt, in dem Moment können sie gar keine zweite treffen. Wir können lediglich zwischen zwei Aufgaben hin- und herwechseln. Je mehr wir das trainiert haben, desto besser. Gut wird es deswegen allerdings noch lange nicht.

Zwei niederländische Ökonomen haben das untersucht, indem sie Menschen zwei Aufgaben erledigen ließen: Sudoku und ein Wortsuchrätsel. Die Gruppe von Versuchspersonen, die beides nacheinander abarbeiteten, war am schnellsten. Wer ständig zwischen den Aufgaben hin- und hersprang, brauchte dagegen signifikant länger. Sich immer wieder in die Arbeit neu hineinzudenken kostet Zeit und Kraft. Das ist schon so, wenn wir uns freiwillig für Multitasking entscheiden, weil wir zwei Aufgaben gleichzeitig erledigen wollen. Noch dramatischer ist der Effekt, wenn uns die Gleichzeitigkeit aufgezwungen wird, weil wir einerseits die E-Mail zu Ende schreiben wollen, aber der

Nachwuchs zur gleichen Zeit lauthals nach einer Banane kräht. Das ist mühsam und nur schwer zu ändern, denn das Krähen lässt sich zwar übergehen, stören tut es aber trotzdem.

Das ist auch bei Emma nicht anders, aber sie hat gar nicht so mühsam gelernt, dass sie viel mehr Zeit hat, als sie dachte, in der sie die Dinge – nacheinander – tun kann, die sie tun möchte. Sie hat es schwarz auf weiß gesehen. Allerdings hilft es alles nichts: Man muss schon mutig sein, um das Leben zu führen, das man gerne führen würde. Es gilt, jede Flexibilität auszunutzen, die das Leben bietet, auch um 9:13 Uhr, wenn man eigentlich schon im Büro sitzen sollte. Von dieser Flexibilität gibt es reichlich, schließlich hat ein Tag 24 Stunden und eine Woche 168. In der Regel bleibt viel davon aber ungenutzt oder versandet, nicht zuletzt weil es ungewohnt, auch anstrengend ist, für sich die Flexibilität in Anspruch zu nehmen.

Frauen scheinen darunter besonders zu leiden. Sie erleben derzeit etwas, was Wissenschaftler das «Paradox des weiblichen Glücksgefühls» nennen. Denn trotz der Errungenschaften der Gleichbehandlung der vergangenen Jahrzehnte, von denen es zweifelsohne viele gibt, sind Frauen unglücklicher als die Frauen vor vierzig Jahren. Bisher galt es fast schon als Naturgesetz, dass Frauen zufriedener sind als Männer. Das hat sich gedreht, inzwischen haben die Männer sie sogar überholt. Ein Erklärungsversuch: Das Leben der Frauen ist komplexer geworden, dementsprechend variiert das Glücksgefühl auch je nach Facette des Lebens. Da sie inzwischen ebenfalls verantwortlich für die Finanzen der Familie sind, bekommen auch sie schlaflose

Nächte, wenn es finanziell eng wird. Außerdem sind sie wesentlich unzufriedener mit dem, was an freier Zeit übrig bleibt, wenn man sich nun in allen Aspekten mit einbringt. Da kann nur Flexibilität helfen.

Nach dieser Flexibilität hat sich auch Anne-Marie Slaughter gesehnt, jene amerikanische Karrierepolitikerin, die unter lautem Getöse das Handtuch geworfen hat. Sie wollte nicht mehr von Meeting zu Meeting rennen und Memos schreiben, die ohnehin nichts verändern. Und sie wollte nicht mehr nach Washington pendeln. Wie bei vielen Karrieremenschen auf den Zwischensprossen der Karriereleiter vollzieht die Familie nicht mehr jeden Umzug mit. Dann geht man allein und fährt Freitagabend zurück nach Hause. Was Slaughter beschreibt, ist deshalb eine besondere Konstellation, weil viele Menschen gar nicht die Wahl haben zwischen mehreren sehr aufregenden, viel versprechenden Jobs. Sie sitzen entweder bei Aldi an der Kasse oder nirgendwo. Da können sie sich die Flexibilität noch so sehr wünschen, sie wird nicht kommen. Im Job zurückzustecken ist ein Luxus, den man sich erst einmal leisten können und leisten wollen muss.

Womit wir bei einer anderen Besonderheit sind, die deutlich macht, dass Slaughter nicht als Vorzeigemutter taugt, die für ihre Familie den Job aufgibt. Sie ist keineswegs Hausfrau geworden, sondern zu ihrer akademischen Karriere zurückgekehrt – weil sie dort wesentlich flexibler arbeiten kann als im Weißen Haus, wo sich Spitzenpolitiker die Zeit mit Konferenzen und anschließenden Aktenvermerken um die Ohren schlagen. Seit ihrem «Rücktritt» lehrt sie wieder an der Eliteuniversität Princeton, schreibt Gastbeiträge und Kolumnen über Außenpolitik, gibt regelmäßig Interviews und hält Dutzende von Reden im Jahr. Der Unterschied: Sie hat jetzt die Kontrolle, die ihr für ihre Work-Life-Balance bisher fehlte. Deshalb kann sie sich auch leichter ihren pubertierenden Söhnen widmen und trotzdem beruflich erfolgreich sein.

Von so viel Flexibilität und Autonomie kann Emma nur träumen. Doch jetzt hat Emma dank ihrer monströsen Wochenplanung wenigstens die Gewissheit, wieder mehr Zeit zu haben, als sie dachte. Das Gitter muss man nicht so sehr mögen wie sie, aber es kann helfen, bis das Drama vorüber ist.

ZEITNOT

ist die

≥ NEUE ≤

ARMUT.

8. Kapitel: Zeit ist Geld

Es gibt Entscheidungen im Leben, über die sollte man möglichst nicht zu lange sinnieren. Die Suche nach einer Wohnung gehört dazu. Bei solch komplexen Fragen investiert man besser nicht zu viel Zeit. Nicht nur, weil die Wohnung sonst im Zweifel weg ist, sondern auch, weil es schlicht nichts bringt, jedenfalls nichts Positives. Die echten Pferdefüße tauchen ohnehin erst nach einigen Wochen auf, anfangs grüßen die Nachbarn noch freundlich, dann gehen die Beschwerden los. Deshalb ist es sinnvoll, darauf vorher keinen Gedanken zu verschwenden. Je intensiver wir Vor- und Nachteile gegeneinander abwägen, desto häufiger spuken sie uns auch nach dem Einzug noch im Kopf herum. Das hat vor allem einen Effekt: dass man am Ende unzufriedener mit der Entscheidung ist, als wenn man sich einfach seinem Bauchgefühl hingegeben hätte.

Annette Beyer hatte mit schnellen Entscheidungen nie ein Problem. Im Gegenteil: Sie fand es großartig, auf Zuruf ihre Koffer zu packen. Flexibilität lag ihr im Blut, das hat ihr auch als Hauswirtschafterin geholfen. Jahrelang hat sie für Familien den Haushalt geschmissen, hat sich um die Kinder gekümmert, eingekauft und gekocht. Ein solcher Job hat nur auf dem Papier feste Arbeitszeiten, ansonsten

ist man rund um die Uhr im Einsatz – bis auf einen über-
schaubaren Zeitraum am Wochenende, wenn mal kein
Ausflug ansteht. Sie wohnte Tür an Tür mit ihrem Arbeitgeber, war immer erreichbar, wenn es mal eng wurde. Aber
diese Zeit hat sie genossen. Der Job kam bei ihr immer an
erster Stelle, Urlaub war ihr nicht wichtig. Dann, nach einigen Jahren, war ihre Zeit in der Familie beendet, weil die
Kinder groß wurden und kein Kindermädchen mehr
brauchten.

Sie wechselte ihren Beruf, weil sie mal etwas anderes machen wollte, und lernte Hotelfachfrau. In einem schönen
Hotel wurde sie Hausdame, sorgte für die Reinigung und
die Dekoration, war zuständig für das Personal, das Budget
und für die Veranstaltungsplanung. Auch hier kannte sie
keinen Dienst nach Vorschrift. Entscheidungen mussten
schnell getroffen werden, schnell und unkompliziert. Zeit
für sich selbst hat sie sich nie genommen. «Ein Thema habe
ich immer dann geregelt, als es anstand», sagt Annette. Ein
solches «Thema» war zum Beispiel der Urlaub. Lange im
Voraus hat sie den nicht geplant. Zwei Wochen vorher
buchte sie ihre Reise, vorher kam sie einfach nicht dazu.

Das alles funktionierte problemlos, solange ihr Leben im
Takt war. Doch wenn es auseinanderfällt und man es mühsam wieder zusammensetzen muss, ist vieles anders als früher. Dann muss man umdisponieren und beginnt, die Dinge
neu zu ordnen. So ist es Annette ergangen. Was sie uns berichtet, ist so persönlich, dass sie es nicht in die Welt hin-
austragen möchte, deshalb ist Annette Beyer nicht ihr
wirklicher Name. Denn mit Mitte vierzig änderte sich ihr
Leben schlagartig. Die Ärzte stellten einen Tumor fest, der

ihr viele Schmerzen verursachte. Acht Jahre lang hat sie das beschäftigt, acht Jahre voller Arztbesuche, Operationen und Bestrahlungen. Sie wurde von Arzt zu Arzt geschickt, wurde unfreiwillig zum Experten für Krebsbehandlung. An Arbeit war lange Zeit nicht mehr zu denken, die Krankheit bremste sie komplett aus. Viel hat sie überwinden müssen, vor allem ihre inneren Widerstände, aber jetzt hat sie es geschafft, und darauf ist sie stolz. Äußerlich ist davon kaum mehr etwas zu sehen. Doch im Inneren hat sich viel gewandelt. Urlaub, Zeit für sich selbst – all das hat einen anderen Stellenwert erhalten.

Und noch etwas hat sich gewandelt: Früher war sie ein spontanes Allroundtalent, da konnte sie überall arbeiten. Dienstreisen auf Zuruf? Eine Kleinigkeit. Jetzt braucht sie klare Abläufe. Selbst Kleinigkeiten bringen sie durcheinander. «Alle Dinge, die von heute auf morgen passieren müssen, machen mich verrückt», sagt sie. Zehn Tage Vorlauf braucht sie, sonst kommt der Stress, weil der ganze Rhythmus aus dem Takt kommt. Mal kurz irgendwohin fahren? Das wäre für sie jetzt eine mittelschwere Katastrophe. «Mein Kopf lässt das nicht mehr zu», sagt sie.

Seitdem macht ihr die Planung für große Dinge zu schaffen. Letztens wollte sie einen Flug ans Mittelmeer buchen. Mühsam hat sie sich durch die Internetseiten des Vergleichsportals geklickt und hatte am Ende das Gefühl, auf dem Weg zum Ziel nebenbei 95 Versicherungen abgeschlossen zu haben. Der Flug, der anfangs mit 100 Euro angeboten wurde, kostete am Ende mehr als 200 Euro. «Das ist nicht euer Ernst», rief sie dabei empört aus, als hätte sie den Geschäftsführer des Vergleichsportals persönlich vor sich sitzen. Schon das hat ihr so viele Nerven geraubt, dass sie am Ende aufgab. Sie schloss alle Internetfenster und wechselte zur Lufthansa-Seite. Dort ging alles ganz schnell und unkompliziert. Ob der Flug teurer ist, war dann gar nicht mehr wichtig.

Dabei ist sie mit ihren 56 Jahren kein bekennender Technikgegner. Sie kennt das Internet mit seinen vielen Vorteilen und weiß, dass es letztlich nicht mehr ohne geht. Sie habe immer fleißig geübt, beteuert sie, trotzdem ist die Reizüberflutung für sie eine Last. Die setzt Annette Beyer unter Zeitdruck. Vier Fenster auf einmal geöffnet zu haben, nur um zu gucken, wo das günstigste Angebot ist – dafür hat sie keine Geduld mehr.

Dieses Gefühl, im Großen wie im Kleinen, kennen viele: dass etwas gehörig schiefgeht, nur weil man keine Zeit hat, sich durch einen Wust an Informationen durchzuwühlen. Jedenfalls hat man den Eindruck, dass es so sein könnte, und das ist schlimm genug. Wer ein gebrauchtes Auto kauft, ärgert sich, wenn er noch am gleichen Wochenende ein günstigeres Modell beim Autohändler nebenan sieht, natürlich nachdem er den Kaufvertrag unterschrieben hat. Leistet man sich einmal in zwanzig Jahren eine neue Küche, fürchtet man doch insgeheim, dass man nicht genügend Preise verglichen und Angebote eingeholt hat, um das beste Preis-Leistungs-Verhältnis zu ergattern.

Zeit für den besten Deal

So ist sie, die Marktwirtschaft: hält für jeden ein gutes Angebot bereit, aber vor allen Dingen für diejenigen, die sich auskennen. «Zeit ist Geld» ist eine Redewendung mit einem erstaunlich hohen Wahrheitsgehalt. Je mehr Zeit man hat, desto besser kann man sein Geld mehren. Erst informieren, dann investieren, das ist die beste Anlagestrategie. Auch Annette Beyer weiß das, und sie ärgert sich darüber. Denn Zeit ist für sie knapp, und eigentlich möchte sie nicht ein Ingenieursstudium absolvieren, bevor sie sich ein neues Handy kauft, oder Informatikkurse besuchen, nur um im Internet einen günstigen Flug in die Türkei zu buchen. Und sie will keinen Business-Abschluss machen, nur um ihr Geld vernünftig anzulegen. Gerade dort hatte sie schon häufig das Gefühl, Geld verloren zu haben, weil ihr die Zeit fehlte, sich ausreichend zu informieren.

Diese Ahnung, dass wir unter Zeitdruck Entscheidungen treffen, die uns nicht gut bekommen, ist durchaus richtig. Inzwischen ist es Gegenstand eines ganzen Forschungsfeldes, vornehmlich von Soziologen und Verhaltensökonomen. Deshalb wissen wir: Zeitdruck kann bei schwierigen, vor allem emotionalen Fragen helfen. Aber ansonsten ist er kein sinnvoller Ratgeber, denn häufig folgen wir dann intuitiven, gewissermaßen automatisierten Entscheidungsmustern. Das lässt sich an einem einfachen Beispiel sehen: Werden Leute in Stresssituationen gefragt, ob sie Lotto spielen würden, sagen sie sofort Ja. Denn das Erste, was wir simplen Wesen in solchen Momenten wahrnehmen, sind die Millionen, die es zu gewinnen gibt – und die kann man sich doch nicht entgehen lassen! Die zweite Information – nämlich, dass sich diese Gewinne höchstwahrscheinlich gar nicht realisieren werden – geht im Zeitdruck völlig unter. Das ist im Supermarkt übrigens nicht anders. Hetzen wir kurz nach Feierabend noch schnell durch den Laden, verlassen wir uns auf starke Signale, auf jeden «Preisknüller» und «Sonderaktionen», die sich uns in den Weg stellen. Denn da ahnen wir: Das muss sich doch lohnen.

Dabei ist dieses Verhalten gar nicht so dumm, wie es klingt. Denn unter Zeitdruck schaltet unser Gehirn in einen Modus, der noch aus der evolutionären Frühzeit des Menschen stammt: Um das eigene Überleben zu sichern, kommt es vor allem darauf an, sich möglichst keinem unnötigen Risiko auszusetzen – unter mehreren Möglichkeiten wählten unsere Vorfahren darum stets die Variante aus, die am sichersten schien. Dies ist bei unserer Jagd durch den Supermarkt genauso: Wir hangeln uns von Preisknüller zu Preisknüller und glauben, damit alles richtig zu machen. Nur stimmt das eben nicht immer. Denn das wissen natürlich auch die Händler: Selten ist ein Sonderangebot auch das günstigste Produkt. Die Entscheidung unter Zeitdruck kann also in diesem Fall für uns viel teurer sein als gedacht.

Das ist zwar ärgerlich, aber reichlich harmlos. Schließlich gibt es neben Zeitdruck noch andere Gründe im Leben, auf Schnäppchen hereinzufallen, schlechter Geschmack zum Beispiel. Nicht jede altmodische Vase, die auf dem Flohmarkt noch so schön aussah, ist auch tatsächlich eine sinnvolle Anschaffung. Ernst wird es jedoch, wenn

Zeitnot richtig Geld kostet. Oder die Zukunft. Für viele Menschen unterhalb der Armutsgrenze ist das bittere Realität. Bei ihnen sorgt die Zeitarmut dafür, dass sie von dem wenigen noch weniger haben. Warum? Weil sie nur im Hier und Jetzt leben und sich keine Gedanken um die Zukunft machen können. Wer sich Sorgen machen muss, wie das Essen auf den Tisch kommt, kann nicht für das Alter vorsorgen oder für die Ausbildung der Kinder. Die Anforderungen von heute sind drängender als die von morgen. Je grobmaschiger das soziale Netz ist, das diese Menschen auffängt, desto schwieriger wird es.

Das lässt sich in den Vereinigten Staaten beobachten, traditionell ein Land mit wenig Schutz vor Arbeitslosigkeit und nur geringer Sozialhilfe. Forscher an der amerikanischen Princeton-Universität haben 2012 eine Studie durchgeführt, die bei der Armut den Faktor Zeit ins Visier nahm. Sie spielten amerikanische Spielshows nach, in denen Teams bestimmte Fragen beantworten mussten. Dabei brachten sie verschiedene Variationen ins Spiel, eine davon war Zeitnot. Das eine Team bekam schlicht weniger Zeit, um sich die Antworten zu überlegen. Der Stress steigerte sich derart, dass die Teammitglieder wesentlich schlechter abschnitten als die andere Mannschaft. Ja, sie bekamen nicht einmal mit, wenn ihnen geholfen wurde. Zwischendrin wurde ihnen eine Vorschau auf das Thema der nächsten Runde gegeben, damit sie sich darauf vorbereiten konnten. Sie ignorierten die Information einfach, weil sie so sehr unter Stress litten, dass sie sich keine Strategie dagegen überlegen konnten, selbst wenn sich die Gelegenheit dazu bot. Die Ergebnisse dieser und auch anderer Studien sind ernüchternd – und trotzdem ist Zeitnot noch immer einer der wenig beachteten Aspekte von Armut.

Einer, der sich schon seit langem der Zeitarmut widmet, ist Joachim Merz, Ökonom an der Leuphana-Universität in Lüneburg. Für ihn ist dieser Aspekt sogar so wichtig, dass er den Begriff von Armut neu fassen möchte. Nicht nur finanzielle Aspekte sollten dabei eine Rolle spielen, sondern auch die Frage, wie viel Zeit jemand zur Verfügung hat. Er findet: Zeitnot ist die neue Armut. «Zu wenig Zeit zu haben beeinträchtigt die Lebenszufriedenheit ganz ähnlich wie zu wenig Geld zu haben», sagt er. Denn jeder, der am sozialen Leben teilhaben will, braucht dazu Zeit. Will man also beurteilen, ob jemand arm ist oder nicht, darf man Merz und seinen Kollegen zufolge nicht nur auf das Einkommen schauen, sondern auch auf die freie Zeit. Daraus ergibt sich also ein «multidimensionaler Armutsbegriff».

Wie der sich berechnet? Derzeit gilt jeder als arm, dessen Nettoeinkommen 60 Prozent unterhalb des mittleren Einkommens der Bevölkerung liegt. Merz geht bei seinem Begriff zur Zeitarmut ähnlich vor. Seiner Ansicht nach ist sie dann gegeben, wenn die verbleibende persönliche freie Zeit unterhalb eines bestimmten Levels liegt und keine oder nur sehr limitierte Zeit übrig bleibt für das, was Soziologen «soziale Teilhabe» nennen. Also in den Park gehen und ein Bier trinken, wenn die Freunde dies tun. Oder mit der Freundin ins Kino. Der Forscher legt in der Untersuchung einen strengen Begriff der Freizeit zugrunde. Die genuine persönliche freie Zeit ist für ihn die Zeit, die übrig bleibt, wenn alle anderen Verpflichtungen wie Arbeitszeit, Arbeit im Haushalt, Kinderbetreuung, Schlaf, Gesundheitsaktivitäten und Körperpflege abgezogen werden.

Merz benutzt für diese Untersuchung Daten des Sozioökonomischen Panels, das schon seit 1984 mehr als 20 000 Menschen aus ganz Deutschland zu verschiedenen Themen befragt. Es liefert ein repräsentatives Bild der Lebensumstände in Deutschland. Außerdem greift Merz auf die Erhebungen des Statistischen Bundesamtes zur Zeitverwendung in Deutschland zurück. Diese Aufstellung ist uns auch schon in früheren Kapiteln begegnet. Geht man davon aus, dass der normale Bürger am Tag etwas mehr als fünf Stunden zur freien Verfügung hat, liegt die Zeitarmutsgrenze für Merz und seine Kollegen daher bei 192 Minuten am Tag, also gut drei Stunden Zeit, die jeder frei verfügbar haben sollte. Alles, was darunterliegt, macht einen erheblichen Unterschied.

Merz kommt in seinen Untersuchungen zu einem krassen Befund: Legt man seinen «multidimensionalen Armutsbegriff» zugrunde, ist die Armut in Deutschland fast doppelt so hoch wie nach der einkommensfixierten Sichtweise: Rund 12,3 Prozent der Deutschen müssten demnach als arm gelten. Dabei wird nicht einfach nur Armut plus Armut gerechnet, in dem von Merz zugrunde gelegten Modell kann die freie Zeit durchaus Defizite im Einkommen ausgleichen. Deshalb rutschen einige Personen aus der Armutszone, obwohl sie nicht viel verdienen – nur dadurch, dass sie mehr freie Zeit haben.

Besonders anfällig für Zeitknappheit sind naturgemäß Alleinerziehende, Paare mit mehr als drei Kindern, aber auch Selbstständige, von denen es immer etwas verklärend heißt, sie könnten sich ihre Zeit so schön frei einteilen. Das mag sein. Nur dass sie davon eben weniger haben als ein Angestellter mit tariflich vereinbarter Arbeitszeit. Fast jeder dritte Selbstständige ist in den Augen von Merz und seinen Kollegen arm.

Der Forscher fordert deshalb fundamentale Konsequenzen: Politik, die darauf zielt, Armut zu reduzieren, muss auch den Zeitaspekt im Auge behalten, sonst würde eine wichtige Dimension unter den Tisch fallen. Arbeits- und Nichtarbeitszeit sollten effizienter synchronisiert werden, durch flexible Arbeitszeiten, einen guten öffentlichen Nahverkehr, der das Pendeln erleichtert, und längere Öffnungszeiten in Kindergärten und Schulen. Damit nicht jeder von A nach B hetzt, um sein tägliches Soll zu erfüllen.

Das bisschen Haushalt

Wer es sich leisten kann, versucht Pflichten auszulagern, wo er nur kann. Für das lästige Aufräumen hat sich längst eine Putzfrau etabliert, nicht nur wie früher bei den Wohlhabenden, sondern bei allen, die es sich leisten können. Mit dem «bisschen Haushalt», wie es in den siebziger Jahren so launig hieß, möchte sich niemand belasten, der nach einem Acht-Stunden-Arbeitstag nach Hause kommt, jedenfalls nicht länger als unbedingt nötig. Aber schon längst nimmt der Normalbürger andere Dienstleistungen in Anspruch, die vormals nur der feinen Gesellschaft zugänglich waren: Wer nicht einkaufen gehen will, kann online bestellen und sich die Produkte nach Hause liefern lassen. Er muss dann nur rechtzeitig zu Hause sein, wenn die Ware eintrifft. Nicht mal auf Ämtern muss man noch warten, wenn man sich das nicht leisten will. In den chronisch überlasteten Berliner Bürgerämtern kam dieser Service jedenfalls eine Zeitlang bei den Hastigen gut an: Für 25 Euro (oder 45 Euro, wenn es schnell gehen soll) versprachen drei Berliner Gründer, den gewünschten Termin beim Bürgeramt zu besorgen. Dafür haben sie einen Algorithmus programmiert, der die Terminportale der Berliner Bürgerämter nach freien Terminen durchkämmt. Sobald das System einen Termin gefunden hat, der den Wünschen des Kunden entspricht, wurde er sofort in dessen Namen gebucht; der Besteller bekam eine E-Mail, die ihn über die erfolgreiche Terminbuchung informierte. Der Service kam allerdings ins Stocken, weil schlicht nicht mehr genug Online-Termine vorhanden waren, die der Algorithmus durchkämmen konnte.

Wenn es eine Frau gibt, die sich jede Dienstleistung dieser Welt kaufen könnte, dann ist das Melinda Gates, Ehefrau von Microsoft-Gründer Bill Gates. Er ist mit einem geschätzten Vermögen von knapp 79 Milliarden Dollar einer der reichsten Männer der Welt. Mit ihrem Geld stellen die beiden viel Sinnvolles an, ihre gemeinsame Stiftung investiert riesige Summen in Afrika, um das Elend durch Krankheiten und Hunger zu lindern. Und selbst dort gilt: Nicht nur Geld ist das Problem, sondern Zeit. Melinda Gates erzählt dazu die Geschichte von Anna und Sapare, einem Paar und seinen sechs Kindern in Tansania, mit denen sie einige Tage verbracht hat. Und diese Tage sahen so ganz anders aus als ein Tag, den eine der reichsten Frauen der Welt verbringen würde. Gemeinsam mit Anna stand sie um 5 Uhr morgens auf, um das Feuer anzumachen und Frühstück zu bereiten. Danach räumten sie auf und gingen Wasser holen, kilometerweit. Annas Eimer wog rund 20 Kilo, sie trug ihn auf dem Kopf. Als sie von ihrem strammen Fußmarsch zurückkehrten, war Melinda Gates erschöpft, obwohl sie weniger zu tragen hatte. Doch an eine Pause war nicht zu denken, denn jetzt ging es daran, Mittagessen zu machen. Danach gingen sie in den Wald, um Holz für das Feuer am nächsten Tag zu holen. Sie holten mehr Wasser, dann molken sie die Ziegen, dann kam das Abendessen dran. Alles wieder aufzuräumen dauerte bis in die Nacht. Den Abwasch erledigten sie im Mondlicht. Erst nach 10 Uhr abends waren sie fertig. Ein ganzer Tag ging dahin – mit komplett unbezahlter Arbeit.

Das ist ökonomischer Wahnsinn. Denn während sie ihre Zeit mit täglich wiederkehrenden Pflichten verplempern, könnten sie diese viel sinnvoller nutzen: zum Beispiel sich weiterbilden oder wenigstens die Kinder. Sie könnten Körbe flechten und verkaufen. «Es geht nicht nur um Fairness», sagt Melinda Gates. «Frauen mit der unbezahlten Arbeit zu überfrachten geht zulasten von allen.» Es bremst die Familien und die Gesellschaft. Nirgendwo ist das so deutlich wie in den ärmsten Regionen dieser Welt.

Auch im reichen Westen hindert die Zeitnot jeden Tag Familien daran, aus ihrem Leben etwas zu machen. Annette Beyer bekommt ihre Zeitarmut gut in den Griff, weil sie sich inzwischen arrangiert hat und viele Menschen kennt, die ihr unter die Arme greifen. Es hilft ihr allerdings auch, dass sie genug Geld hat, um nicht wirklich arm zu sein. Eine echte Last wird das Leben allerdings, wenn sowohl Zeit als auch das Geld fehlt. Dann ist an eine glückliche Zukunft gar nicht zu denken.

EXPLODIERT
die
To-Do-LISTE,
ist der
BURNOUT
nicht weit.

9. Kapitel: In der Tempo-Schleife

To-do-Listen haben ihren besonderen Reiz. Sie zeigen auf schnörkellose Weise, was noch alles zu tun ist. Das gilt es abzuarbeiten, und das ist nicht nur lästig – nach jedem Zwischenschritt können wir einen Erfolg verbuchen. Mit einem Stoßseufzer der Erleichterung streichen wir einen Posten aus, um uns dem nächsten zu widmen. Das kann in völliger Unaufgeregtheit passieren, die Liste ist schließlich nur ein kleiner dezenter Hinweis zur Tagesplanung auf einem toten Stück Holz.

Es gibt Menschen, die süchtig sind nach diesen kleinen Erfolgserlebnissen. Sie tun nichts lieber, als To-do-Listen zu erstellen, und bekommen davon einen besonderen Kick. Andere werden davon erdrückt. Und zwar von jedem einzelnen Posten, den sie dort in krakeliger Schrift vermerkt haben. Spätestens wenn «Mit Freunden ins Kino gehen» den gleichen Druck ausübt wie «PowerPoint-Präsentation abgeben», sollten die Alarmglocken schrillen. Für den Soziologen Hartmut Rosa ist das der Punkt, an dem man über eine Burnout-Gefährdung nachdenken sollte. Explodiert die To-do-Liste, ist der Burnout nicht weit. Rosa formuliert das so: «Burnout tritt dann ein, wenn alle Termine und Aufgaben die gleiche psychische Form annehmen. Wenn man das Gefühl hat, selbst der Kindergeburtstag ist einfach nur noch ein Eintrag in der To-do-Liste.»

Um mit einem großen Missverständnis aufzuräumen: Burnout ist keine reine «Managerkrankheit», deshalb leiden die Betroffenen nicht nur unter der Last von Vorstandssitzungen, sondern auch unter Aktenvermerken im Bauamt oder unter dem Dienstplan im Krankenhaus. Doch die Berufsgruppe der Manager hat in den vergangenen Jahren mit besonders beeindruckenden Bekenntnissen von sich reden gemacht. Persönlichkeiten von Rang und manchmal auch von Namen haben eindrucksvoll geschildert, wie sie sich mit ihrer 80-Stunden-Woche, mit endlosen Dienstreisen und stundenlangen Meetings an den Rand des Ruins getrieben haben.

Jeder Einzelfall ist für sich genommen erschütternd, doch in der Allgemeinheit hat sich der Eindruck festgesetzt, nur Manager, ergo nur die besonders Fleißigen und Erfolgreichen, bekämen Burnout. Der Rest der Welt bekommt Depressionen. Mit der Realität hat das nichts zu tun, auch deshalb, weil das Phänomen Burnout ursprünglich einmal anders wahrgenommen wurde: nämlich als Folge einer Überforderung, die vor allem bei Menschen im sozialen Bereich, etwa Krankenschwestern oder Therapeuten, auftrat. Also gerade bei jener Berufsgruppe, die sich für andere aufopfert und deshalb die eigenen Grenzen vernachlässigt. Bei denen, für die es jeden Tag tatsächlich um «Leben und Tod» geht. Das war damals in den siebziger Jahren so, als der deutschamerikanische Psychoanalytiker Herbert J. Freudenberger den Begriff zum ersten Mal verwendete. Bei seiner Arbeit bezog er sich auch auf seine eigene Lebens- und Leidensgeschichte in Nazideutschland und später nach seiner Flucht als vernachlässigter Jugendlicher in den Straßen New Yorks. In den Pflegeberufen sind die Menschen noch immer besonders gefährdet, allerdings auch in der Gastronomie oder im Callcenter.

Damals wie heute ist es das gleiche Problem: Die Verpflichtung, Menschen zu helfen, ist überwältigend. Man kann sich dem nicht so leicht entziehen. Dann fallen die Kollegen aus, Stellen werden nicht neu besetzt, und plötzlich ist man auf der Pflegestation allein für dreißig oder vierzig Menschen zuständig. Das macht unausweichlich Angst und somit Stress. Man trägt schließlich die Verantwortung, wenn etwas schiefgeht. Man könnte weglaufen, aber viele versuchen, das hinzubekommen. Doch das ist mit den psychischen Kräften auf Dauer nicht zu vereinbaren.

Die Karriere des Wortes Burnout ist medizinhistorisch eher kurz geraten, selbst wenn man die Neurasthenie im ausgehenden 19. Jahrhundert noch mit dazurechnet. Die Blinddarmentzündung hat die Ärzte dieser Welt schon ein paar Jahrhunderte länger beschäftigt. Dafür war die Entwicklung rasant. Besonders seit der Jahrtausendwende haben die Erschöpfungszustände derart zugenommen, dass sich Mediziner, Wissenschaftler, aber auch Unternehmen in der Sorge um ihre Mitarbeiter mit dem Thema auseinandersetzen müssen. Die Zahlen der Krankenkassen zeichnen ein eindrucksvolles Bild: Hatte sich im Jahr 2004 von 2000 Mitarbeitern gerade einmal einer wegen Burnout krankschreiben lassen, waren es zehn Jahre später schon zehn. Seither grübeln und streiten die Experten: Haben wir es nur mit einer erhöhten Sensibilisierung, einer Modeer-

scheinung oder tatsächlich mit einem völlig neuen Phänomen zu tun, das seine Wurzeln in unserem neuen selbstbe-
stimmten Leben hat oder in einem neoliberalen Zeitgeist,
der uns immer mehr abverlangt? Dazu später mehr.

Ist Burnout eine Krankheit?

Zunächst machen wir uns auf die Suche nach Fakten, auf
die sich alle einigen können. Das ist nicht einfach, obwohl –
oder gerade weil – schon so viel dazu publiziert wurde. Das
macht die Materie unübersichtlich, was wiederum all jenen
hilft, die mit Burnout-Ratgebern, Workshops und Lebenshilfe ihr Geld verdienen. Burnout-Experte kann heutzutage
jeder sein, das ist praktisch, wenn die Nachfrage hoch ist.
Jede Mode produziert ihre eigene Industrie. Oder umgekehrt.

In Psychiater-Kreisen geht man das Thema eher sach-
lich an, dort hat man schon viele Moden kommen und gehen sehen. Einer von diesen Psychiatern ist Stephan Kamolz, Chefarzt der Hescuro Klinik für Psychosomatik im
bayerischen Bad Kissingen. Er hat einen nüchternen Blick
auf dieses Phänomen, selbst wenn er ansonsten nicht besonders abgeklärt wirkt. In seinem Büro im ersten Stock
zieren Fotos von seinen drei Kindern die Wände, ebenso
ihre selbstgemalten Bilder. Gleich zu Anfang stellt er klar:
«Burnout ist keine eigenständige Krankheit.» Stattdessen
ist es ein lang anhaltendes Erschöpfungsgefühl, ein «mehr-
dimensionaler» Frust, der vor allem die Arbeit betrifft. Die
eigene Leistung wird als minderwertig empfunden. Oft

geht es aber auch um eine tatsächlich existierende Krankheit wie Depression. Und diese ist gesellschaftlich noch lange nicht so anerkannt wie Burnout. Wer ausgebrannt ist, muss irgendwann einmal für etwas gebrannt haben. Depressiv ist im Volksmund hingegen vor allem immer noch derjenige, den der Lebensmut verlassen hat oder der einfach nur leistungsunwillig ist.

Die nächste Lektion: Burnout ist unzertrennlich mit der Arbeit verbunden, aber auf eine uneindeutige Art und Weise. Denn häufig ist es nicht die Arbeit selbst, die die Menschen bis an den Rand der Verzweiflung treibt, da sind sich Ärzte, Soziologen und Burnout-Experten sogar erstaunlich einig. «Menschen arbeiten gerne», sagt auch der Soziologe Rosa, der oft als Beschleunigungskritiker zitiert wird. Eine Sekretärin, die von ihrem hart arbeitenden Chef auch nach Dienstschluss noch behelligt wird, arbeitet womöglich gerne, wenn der Chef auch seine charmanten Seiten hat und ihre Arbeit schätzt. Selten stellt sie sich die Frage: Bin ich rechtlich verpflichtet, auch nach 21 Uhr noch auf eine E-Mail zu antworten, oder werde ich gar gekündigt? Stattdessen hält sie es für wichtig und fühlt sich gestresst. Noch drastischer fällt es im Pflegebereich und in der Sozialarbeit aus, etwa bei chronischer Unterbesetzung. Dann muss man trotzdem ran, obwohl doch eigentlich Wochenende ist.

Für Rosa ist die Unterscheidung wichtig: Anstrengung, etwa schnell rennen müssen, ist für die Menschen kein Problem. Das macht sie nicht psychisch krank. Es ist geradezu umgekehrt: Es ist ein Faktor für psychisches Wohlbefinden, dass man sich mitunter sehr anstrengen muss, um ein

Ziel zu erreichen. Dann macht man die Erfahrung: Ich habe etwas geleistet. «Burnout kommt daher, dass man jede Ziellinie aus den Augen verliert», stellt er klar. Wenn die Chefsekretärin denkt: Es ist egal, wie effizient ich heute arbeite, morgen wird es noch schlimmer.

Wenn es also nicht die Arbeit selbst ist, sind es die Arbeitsbedingungen, da sind sich Arzt und Soziologe einig. Wenn die Menschen merken, es kommt nichts zurück, entwickeln sie irgendwann eine zynische Haltung und werden abweisend. Das ist unangenehm für die Umwelt, aber letztlich nichts anderes als ein Abwehrmechanismus. Wer nicht mehr leisten kann und nicht mehr belastet werden will, kann das nur offen aussprechen, wenn er es überhaupt wahrnimmt. Tatsächlich läuft dieser Erkenntnisprozess jedoch weitgehend unbewusst ab. Wer nimmt schon die eigene Schwäche bewusst wahr und kann sie auch noch reflektieren?

Oft ist es weniger die bloße Arbeitszeit, die berühmte 60-Stunden-Woche, die jemanden in den Burnout treibt. Arbeitszeit ist immer relativ, schon eine Stunde in einem schwierigen Arbeitsumfeld kann jemanden total auslaugen. Vor allen Dingen, wenn es Ärger gibt. Was viele unterschätzen: Alles, was mit Gefühlen einhergeht, ist zusätzlich anstrengend. Angst vor Abmahnungen, vor Regelbruch oder Ärger ist unproduktiv, zermürbend und ermüdend. Das ist auch der Grund, warum man sich im Zustand der Erschöpfung nicht einmal zu etwas aufraffen kann, was man früher eigentlich als beglückend empfunden hat. «Man muss relativ erholt sein, selbst um Dinge, die Spaß machen, leisten zu können», sagt der Mediziner Kamolz. Auch Spaß

ist letztlich anstrengend, nichts anderes als eine Leistungs-
anforderung an das Gehirn.

Bei ihm in der Klinik sitzen häufig Arbeitnehmer, Mitte
fünfzig, die unter Druck gesetzt werden, die Firma zu verlassen – mit allem, was das erprobte Managerinstrumenta-
rium dafür zur Verfügung stellt: absichtlich nachteilige
Dienstpläne, künstlich überzogene Anforderungen, Abmahnungen. Und das nur, weil sie nach jahrelanger Be-
triebszugehörigkeit vielleicht ein paar Euro mehr bekommen oder nicht mehr so schnell sind wie die Jüngeren. Es
ist erstaunlich, dass es immer noch Vorgesetzte gibt, die das
durchziehen. Doch da kann Kamolz nur mit den Schultern
zucken. «Unsoziales Verhalten ist in jeder Verdünnungs-
form vorhanden», sagt er lakonisch. «Nicht jeder Dissozi-
ale sitzt im Gefängnis.» Einige machen stattdessen Dienstpläne.

Die so Behandelten landen oft nach langer Überforderung und ohne Chance, sich davon zu befreien, in der Ar-
beitsunfähigkeit. Einige werden passiv und bleiben irgendwann einfach sitzen. Sie fallen in Zeitlöcher und kommen
dort erst Stunden später wieder heraus, ohne sich erklären
zu können, wie sie dorthin gekommen sind. Andere werden bissig und gereizt. Der Depressive sitzt nicht immer
nur in der Ecke und heult. Gerade Männer werden schnell
gereizt, weil sie nur eines wollen: in Ruhe gelassen werden,
denn sie können keine Anforderungen mehr erfüllen, nicht
einmal leichte. Sie werden aggressiv, wenn sie in ihrer Depression gestört werden. Mit dem simplen Befund Burnout
ist das selten zu erklären. Viele haben mehr als einen Burnout, das Spektrum reicht von klinischer Erschöpfung bis zu

schwerer Depression. Das lässt das Problem noch viel größer werden. Die Betroffenen zählen zu den jährlich fünf Millionen Krankheitsfällen, ein Teil von ihnen gehört zu den 10 000 Menschen, die sich jedes Jahr das Leben nehmen.

Klar ist für den Mediziner Kamolz auch: Viele Menschen überschreiten ihre Leistungsgrenzen, weil sie sich nicht trauen, Nein zu sagen. Der Körper streikt irgendwann, wenn er überlastet ist. Dann tun die Muskeln und die Glieder weh und man kann sich nur noch mit Schmerzen bewegen. Den Kopf kann man mit dem Willen noch relativ lange quälen, selbst wenn er müde ist. Das ist der Punkt, an dem viele Betroffene sagen: «Ich habe nur noch funktioniert.» Zuerst treten dabei körperliche Symptome auf, weil das Gehirn beginnt, die Körperfunktionen fehlerhaft zu steuern. Da merken die meisten noch nicht, dass eigentlich eine nervliche Überlastung vorliegt. Doch auch das Gehirn hat selbstverständlich eine Leistungsgrenze und reagiert mit Fehlfunktionen, wenn sie überschritten wird. Deshalb sind zum Beispiel Schlafstörungen oft ein erstes Zeichen für Probleme. Womöglich hat sich der Stoffwechsel umgestellt, und es gibt schon Veränderungen, die die normalen biochemischen Prozesse stören. Allein wenn die Menschen anfangen zu grübeln oder wegen Angst oder Ärger aufgeregt sind, können sie sich nicht mehr entspannen. Das Gehirn produziert dann starke Emotionen, und wer intensive Gefühle hat, schläft nicht.

Vom Gefühl der Vergeblichkeit

Doch was ist es, das die Menschen krank macht? Darüber gehen die Auffassungen weit auseinander. Der Soziologe Hartmut Rosa erinnert an die France Telekom, die mit dem Slogan «Time to move» ihre Mitarbeiter auf Trab hielt. Sie sollten nie länger als drei Jahre an einem Arbeitsplatz sein, um sich bei einer neuen Tätigkeit weiterzuentwickeln. Dieses Prinzip gilt in vielen internationalen Konzernen. «Das führt zu einem Gefühl der Vergeblichkeit», kritisiert Rosa. «Es gibt keine Ziellinie, keinen Horizont. Das ist das Problem, nicht die Anforderungen als solche.» Für Rosa hat das auch mit der kapitalistischen Wirtschaftsform zu tun. Dieser Zwang zum Wachstum, der schon immer unweigerlich mit Produktionssteigerung verknüpft war. «Solange die Menschen das Gefühl haben, sie bewegen sich aufwärts, ist Anstrengung kein Problem. Doch die Menschen haben heute das Gefühl, dass sie immer schneller laufen müssen, nur um ihren Platz zu halten.»

Einige zweifeln diese Deutung heftig an, Martin Dornes zum Beispiel. Der Soziologe hat einen langen Essay veröffentlicht zu der Frage: «Macht Kapitalismus krank?» Seine Antwort ist ziemlich eindeutig: Nein! Natürlich haben sich die Arbeitsbedingungen in den vergangenen Jahrzehnten geändert, das ist ja gerade das Schöne! Nur wenige Menschen stehen noch am Fließband oder hocken in den Kohlengruben, der technische Fortschritt hat das Leben und das Arbeiten anregender und interessanter gemacht. Die Zahl der Krankschreibungen wegen Burnout mag in den vergangenen Jahren stetig gestiegen sein, aber das heißt für ihn noch lange nicht, dass die Menschen auch öfter krank sind als früher. Seiner Ansicht nach ist der Zusammenhang ein anderer: Je mehr Ärzte es gibt, desto mehr Krankheiten werden diagnostiziert. Es gibt also eine «angebotsinduzierte Nachfrage», die die Diagnosen in die Höhe treibt. Aber das zeige nicht, dass die Krankheiten zunehmen, sondern dass wir in zunehmendem Maße ein Dunkelfeld aufhellen. Die Leute waren vorher schon krank, und jetzt kümmern wir uns endlich um sie. «Wir sind immer sensibler geworden gegenüber Symptomen, von denen wir früher gesagt haben, das ist gewöhnliches Lebenselend. Da sagen wir heute: Das ist ein Krankheitssymptom», meint Dornes. Er findet das gut, geradezu als Ausweis einer Humanisierung der Gesellschaft. Geändert hat sich das erst in den siebziger Jahren, seitdem beschäftigen sich Psychotherapie und Psychiater intensiv mit diesem «gewöhnlichen Lebenselend».

Das mag einleuchtend klingen, niemand will heute in die fünfziger Jahre zurück, aber Hartmut Rosa widerspricht doch vehement. Schließlich ist es ja nicht so, dass die Menschen sich nur zum Schein krankschreiben lassen. Tatsächlich sei die Dunkelziffer noch höher, und das bedeutet: Es sind im Geheimen noch immer sehr viel mehr Menschen krank.

Da hilft es auch nicht, dass die Lebensbedingungen derzeit so famos sind, dass man nicht an der Welt leiden müsste, schon gar nicht an Burnout. Besonders in Europa, besonders in Deutschland. Von den posttraumatischen Belastungen der Kriegs- und Nachkriegsjahre keine Spur mehr. Auch die Gewalt hat abgenommen, in der Schule, auf der Straße, in den Familien. Und trotzdem macht sich ein Erschöpfungsgefühl breit. Für Hartmut Rosa zeigt das nur, dass die Ursachen für diese Art von Krankheiten nicht mehr in Krieg und Gewalt zu suchen sind, sondern in den ökonomischen Bedingungen, im Kapitalismus selbst. Der Mensch müsse wieder mehr «Resonanz» erfahren, schreibt er in seinem gleichnamigen Buch. Wenn jemand in den Wald hineinruft, soll es auch wieder herausschallen. Rosa will deshalb nichts weniger als eine Revolution. Nicht der Einzelne muss sich anpassen, die Gesellschaft muss sich ändern und nicht immer noch mehr psychisch und physisch fordern. Die Revolution aber liegt in weiter Ferne. Martin Dornes sieht dagegen Bedarf für Lebenshilfe, wenn der Einzelne überfordert ist.

Die bekommt er in Rehakliniken wie der von Stephan Kamolz in Bad Kissingen. Rund fünf verhältnismäßig kurze Wochen zahlen die gesetzlichen Versicherungen. Hin und wieder kann auch verlängert werden. Dort erleben die meisten Menschen die Zeit anders, vor allem wegen der Reizabschirmung, die vieles an Alltagsanforderungen von ihnen abhält. Für viele ist das fast wie Urlaub, sie sind völlig abgetaucht, lesen und hören nichts, was negative Gefühle verursacht oder die Entspannung stört. So können sich die biologischen Prozesse im Gehirn und im Körper normalisieren. Viele fangen wieder Hobbys an, die sie früher gepflegt haben, oder beginnen Sport zu treiben, wofür früher kein Raum mehr war. Manche sitzen einfach gerne im Kurpark auf der Bank, andere lesen mehrere Bücher.

Das Problem ist: Mit einer Therapie an sich und einigen

Pillen ist es nicht getan, auch mit fünf Wochen in der Reha nicht. Man muss Teile seines Lebens ändern, sonst funktioniert es nicht. Das sagt sich so leicht, tatsächlich meint es für jeden etwas anderes. Wir wissen oft gar nicht mehr, wo unsere Präferenzen liegen. Stattdessen lassen wir uns von den «Weisheiten» anderer leiten, die sie via Facebook und Twitter so unnachahmlich selbstbewusst hinausposaunen, dass man sich dem nur schlecht entziehen kann.

In der Retrospektive, nach einer langen Phase der Qual, sieht man vieles gelassener. Hinzu kommt die Weisheit des Alters, die ja auch ein Ansammeln von Erfahrungen und von eigenen Prioritäten ist. Diese kann man irgendwann besser einordnen. Wer älter ist, kann schon deshalb gelassener sein, weil er auch bereits oft erlebt hat, was tatsächlich eintritt – und was nicht. «Ich sage Patienten oft: Schauen Sie doch mal, was passiert, wenn Sie die Dinge auf ihre wirkliche und nicht scheinbare Notwendigkeit oder ihren echten Nutzen prüfen», rät Kamolz. Da merken die Betroffenen schnell, dass Bewertungsmaßstäbe, ob die eigenen oder fremde, immer relativ sind.

Wenn das erkannt ist, schrumpft die To-do-Liste schnell zusammen. Da ist sie auf einmal nur noch das, was sie sein sollte: eine nützliche Liste mit Aufgaben, die man abarbeiten sollte, wenn man kann. Oder auch nicht.

Die
TAGE
werden
länger,
wenn
jeder
MOMENT
zählt.

10. Kapitel: Jetzt mal aufgepasst

Mounira Latrache ist eine Frau, die uns schon viel früher hätte begegnen können, in dem Kapitel über die Arbeit am Rande der Selbstaufgabe zum Beispiel oder eben gerade, in dem Kapitel über Burnout. Lange Zeit bewegte sich Mounira am Rande des Limits, vor allem als sie noch bei Red Bull in Salzburg arbeitete und vier Projekte auf einmal jonglierte. Die wurden ihr nicht aufgezwungen, es entspricht ihrem Naturell. Sie mag es, Verantwortung zu übernehmen, das hat sie schon immer getan. Vielleicht hat es mit ihrer Herkunft zu tun. Als Tochter von tunesischen Gastarbeitern ist sie in der Nähe von München aufgewachsen, schon mit elf Jahren hat sie begonnen, ihr eigenes Geld zu verdienen. Arbeiten bringt sie gerne schnell zu Ende. Ein Tag, an dem sie nicht all ihre E-Mails abgearbeitet hat, war für sie lange Zeit kein guter Tag. Grenzen wahrzunehmen, musste sie erst lernen.

Sie dachte immer, still sitzen liege ihr nicht, je mehr Action, desto besser. Eine Frau wie ein Energy Drink, das passte gut zu ihrem Arbeitgeber. Nur letztlich verliert auch der Leistungsfähigste irgendwann an Power. Irgendwann kam sie an einen Punkt, an dem sie feststellte: So geht es nicht mehr weiter. Sie fühlte sich gestresst und überwältigt.

Und noch schlimmer: Ihre Arbeit machte ihr keinen Spaß mehr. «Das war das erste Mal, das ich gesehen habe: Da passt etwas nicht.»

Sie kündigte ihre Stelle und ging auf die Suche, auch nach einem neuen Job. Den fand sie bei Google, dem großen Internetkonzern aus dem Silicon Valley mit außergewöhnlichen Arbeitsbedingungen: kostenloses Essen und freie Getränke für die Mitarbeiter, egal ob in der Kantine oder in den üppigen Kaffeeküchen, kostenloses Unterhaltungsprogramm, eigenes Fitnesscenter – besser geht es kaum. Doch Google ist nicht umsonst ein internationaler, extrem erfolgreicher Konzern, immer auf der Suche nach neuen Geschäftsfeldern. Der dank der Werbeeinnahmen durch seine Internetsuchmaschine jedes Quartal Milliarden einnimmt und es sich leisten kann, einige der intelligentesten Ingenieure der Welt zu beschäftigen. Diese arbeiten gerne autonom, um kreativ zu sein. Google weiß das, deshalb dürfen sie das auch. Das hat einen unerwarteten Effekt: Es motiviert so sehr, dass der Erfolgsdruck im Angestellten selbst entsteht. Wenn sich alle anstrengen, bleibt keiner gerne zurück. Auch Mounira Latrache nicht: «Ich hatte das Gefühl, nicht gut genug zu sein.» Das Grübeln hörte nicht auf. Wie auch? Schließlich hatte sich nicht viel geändert.

Jetzt, fünf Jahre später, hat sie immer noch viel um die Ohren, wir erwischen sie zwischen zwei Dienstreisen, buchstäblich zwischen Moskau und New York, im «Youtube Space» in Berlin, der auch zum Internetkonzern Google gehört. Mounira leitet das Studio, in dem vor allem Teenager an ihrer Zukunft als Youtube-Star im Netz feilen. Rund fünfzig von ihnen sind heute da, in der Kaffeeküche zwischen Keksen, Obst und Erdbeer-Smoothie lassen sie ihren Träumen freien Lauf. Sie plaudern von ihrem Kanal und den Themen, die sie ihren Zuschauern präsentieren, einer gibt Informatiklektionen, «Verschlüsselung und so». Sie geben sich gegenseitig Tipps, wie sie ihre Clips aus dem Nischendasein befreien können: «Content und Geduld», rät eine junge Youtuberin. Mounira, 35 Jahre alt, in einem langen rostroten Rock und einem schwarzen, ärmellosen Top, passt da genau rein. Ihr langes, schwarzes Haar umrahmt ihr schönes Gesicht, sie sieht viel jünger aus als andere in ihrem Alter. Ihr Job ist es, das Potential dieser jungen Leute zu heben und ihre Träume wahr werden zu lassen. Diejenigen, die es schaffen, locken auf ihrem Youtube-Kanal manchmal sogar ein Millionenpublikum an.

Wer Mounira in diesem Gewusel sieht, ahnt nicht, dass sie schon ein bis zwei Stunden des Tages in kompletter Ruhe mit sich selbst verbracht hat. Gleich nach dem Aufstehen meditiert sie jeden Morgen. Sie konzentriert sich voll auf ihren Atem, immer und immer wieder. Hätte man ihr vor acht Jahren bei Red Bull gesagt, dass sie einmal so ihren Tag beginnen würde, hätte sie laut gelacht. Erst recht, wenn man die zehn Tage «Schweige-Retreat» erwähnen würde, an denen sie vor einiger Zeit in Mumbai teilgenommen hat. Zehn Tage Meditation hintereinander, keine Gespräche, keine Musik, kein Buch, nicht einmal Augenkontakt mit irgendjemandem. Nach zwei Tagen mit jeweils zehn Stunden Meditation im Sitzen taten ihr die Glieder weh, und sie verfluchte ihre Entscheidung für diese Art von Auszeit. Dann, einige Tage später, stellte sich tief in ihrem Inneren ein absolutes Glücksgefühl ein. «Ich hätte nie ge-

dacht, dass mir Ruhe einmal so wichtig werden würde»,
sagt sie. Jetzt möchte sie sie nicht mehr missen.

Das ist auch der Grund, warum Mounira uns in den vor-
hergehenden Kapiteln noch nicht begegnet ist. Bevor sie in
einen Burnout zu rutschen drohte, zog sie die Reißleine.
Das hört sich leichter an, als es ist. Hunderte von Büchern
über Stressreduktion und Work-Life-Balance hat sie damals gelesen, als sie merkte, dass etwas nicht mehr passte.
Wer so viel liest, stößt unweigerlich auf das Trendthema der
erschöpften Gesellschaft, den Jakobsweg der modernen
Arbeitswelt: die Achtsamkeit. Dies als bloße Modeerschei-
nung abzutun wäre zu kurz gegriffen. Es ist schon jetzt
weit mehr als das. Mounira und ihre Kollegen arbeiten
emsig daran, dass es eine Bewegung wird, weltweit.

Von der Kunst der Achtsamkeit

Achtsamkeit ist die Kunst, sich auf das Hier und Jetzt zu
konzentrieren, unseren Geist so zu schärfen, dass wir unser
volles Potential ausschöpfen, so formuliert es der König
der Achtsamen, Jon Kabat-Zinn. Er ist ein promovierter
Molekularbiologe, der schon früh die Bekanntschaft eines
Zen-Meisters gemacht hat. Die Beschäftigung mit dem
Buddhismus, mit Yoga und Meditation hat ihn nicht mehr
losgelassen, deshalb entwickelte er vor knapp vierzig Jahren ein Programm, das er – ganz Wissenschaftler – etwas
sperrig als «Mindfulness-Based Stress Reduction» (MBSR)
bezeichnete, also die Reduzierung von Stress mit Hilfe von
Achtsamkeit. Acht Wochen dauert das Programm, einmal

die Woche treffen sich die Teilnehmer für zweieinhalb Stunden, den Rest der Woche sollen sie selbst meditieren, etwa 45 Minuten am Tag.

Viele Yoga- und Meditationspraktiken hat er darin aufgenommen, eine der bekanntesten ist der «Body Scan», also jene Form der Meditation, die den Fokus auf den eigenen Körper lenkt. Die Aufmerksamkeit wandert systematisch durch den ganzen Körper, von den Zehen bis hoch zum Kopf. 1979 hat Kabat-Zinn am Massachusetts Medical Center eine Klinik zur Stressreduktion gegründet. Dorthin kommen die Patienten mit Burnout und Depressionen, mit Krebs und Herzkrankheiten. Viele sind verzweifelt, weil sie im schulmedizinischen Sinne als «austherapiert» gelten. Dort lernen sie, wie man mit chronischen Schmerzen besser leben kann, natürlich mit mehr Achtsamkeit.

Dabei geht es nicht nur darum, für einige Minuten in einer von außen betrachtet eher ungemütlichen Sitzposition mit geradem Rücken und gekreuzten Beinen zu verharren. Meditation ist weit mehr als das. Kabat-Zinn ist es auch zu verdanken, dass unzählige Menschen schon einmal eine Rosine auf achtsame Art und Weise verzehrt haben, minutenlang. Das ist so etwas wie das kleine Einmaleins der Achtsamkeitsschule. Die Übung ist im wahrsten Sinne des Wortes sehr griffig und hat den nötigen Event-Charakter für Skeptiker. Spätestens da merkt der gestresste Mensch, wie schwer es ist, sich auf eine Sache zu konzentrieren, auf eine einzige. Manche treibt diese Übung an den Rand der Verzweiflung, wenn sie in quälend langen Minuten erst die Form und dann die Konsistenz der Rosine erfassen müssen, dann den Geschmack und ihren Weg durch den Mund.

Warum ist es so schwer, sich auf eine Sache zu konzentrieren? Der Geist liebt es umherzuwandern, er schlägt ununterbrochen Kapriolen. Evolutionsbiologisch ist das durchaus sinnvoll, weil wir damit innere Übungsszenarien kreieren. Wir rufen uns Episoden aus der Vergangenheit in Erinnerung oder denken in die Zukunft voraus, um aus alten Situationen zu lernen und auf kommende gefasst zu sein. Außerdem war es Millionen Jahre lang geradezu lebensnotwendig, das Gehirn darauf zu trimmen, nicht abzuschalten, sondern alle äußeren Einflüsse wahrzunehmen. Aber wir wissen auch, dass dieses Abdriften überhandnehmen kann, dass es in ein Grübeln abgleiten kann, das nichts Sinnstiftendes mehr hat. Statt den Geschmack der Rosine zu erforschen, schweifen die Gedanken ab, zum letzten handfesten Streit, zur unerledigten To-do-Liste, zum Abendessen. Die Kunst ist es, sich dessen bewusst zu werden und die Gedanken sanft wieder einzufangen.

Für manche ist die erste Rosine auch deshalb so schmerzvoll, weil ihnen das Ganze schlicht unangenehm ist. Viele stehen der jahrelang in die esoterische Ecke verbannten Achtsamkeit noch immer skeptisch gegenüber. Dabei geht es doch gerade darum, sich selbst und die Umwelt wahrzunehmen, ohne alles gleich zu bewerten. Eine, die mitgeholfen hat, die Achtsamkeit aus dieser Ecke herauszuholen, ist Britta Hölzel. Sie ist Psychologin, Achtsamkeitslehrerin und Neurowissenschaftlerin. Seit mehr als zehn Jahren erforscht sie, erst in Gießen, dann in Harvard und in Berlin und jetzt an der TU München, wie sich Meditation auf die Gehirnstruktur auswirkt. Als sie damit begann, im Jahr 2005, galt diese Prämisse noch als geradezu absurd. Hölzel muss selbst lachen, wenn sie daran denkt. «Wir wurden von vielen belächelt, dass wir so etwas überhaupt untersuchen.» Es schien geradezu undenkbar, dass etwas so Harmloses wie Achtsamkeit tatsächlich einen nachweisbaren Effekt hat. Das war damals durchaus ein revolutionärer Gedanke, denn lange Zeit galt das Gehirn als statisches Gebilde, das sich nicht mehr verändert, sobald der Mensch völlig ausgereift ist. Inzwischen ist klar: Davon kann keine Rede sein.

Dazu haben Hölzel und ihre Kollegen erst in Gießen, dann an der amerikanischen Eliteuniversität Harvard Menschen in einen Kernspintomographen geschoben – und zwar solche, die schon sehr geübt im Meditieren waren, und solche, die keine Erfahrungen damit gemacht haben. Dabei haben sie die Gehirnstruktur und die Gehirnfunktionen verglichen. Der Befund nach mehreren aufwändigen Studien: Das Gehirn verändert sich durch Meditation überraschend schnell und überraschend umfassend. Schon nach acht Wochen mit täglich etwa 25 Minuten Meditation fühlen sich die Menschen nicht nur wohler. Im Kernspintomographen zeigt sich auch, dass die graue Substanz in einigen Hirnregionen dichter wird. Das gilt zum Beispiel für den Hippocampus, jenen Teil des Gehirns, der eine wichtige Rolle für das Gedächtnis, für Lernprozesse und die Verarbeitung von Emotionen spielt.

Der Befund ist vor allem deshalb wichtig, weil umgekehrt eine hohe Konzentration des Stresshormons Cortisol Nervenzellen im Gehirn zerstören kann. Deshalb kann man sich unter Stress schlecht erinnern und hat seine Emotionen weniger im Griff. In Harvard hat Hölzel in Längsschnittstudien die Gehirnstrukturen der Probanden mehrmals hintereinander untersucht, um sicher zu sein, dass die Veränderungen auch tatsächlich mit dem Achtsamkeitstraining zusammenhängen.

Google meditiert

Was viele nicht wissen: Achtsamkeit gibt es schon seit Jahren auch beim Großkonzern Google, im Großen wie im Kleinen. In vielen Büros auf der ganzen Welt kommen Mitarbeiter für die «G-Pause» zusammen, in Hamburg zum Beispiel jeden Tag um 14 Uhr. Dann treffen sich Googler zum Meditieren, nur zehn Minuten lang. Für den Anfang reicht das völlig, sagt Mounira, und es hat noch einen interessanten Nebeneffekt: Auf zehn Minuten lässt sich eigentlich jeder ein. Dann können alle ausprobieren, ob das konzentrierte Atmen etwas für sie ist. Niemand muss gleich die neunzig Minuten in kompletter Konzentration verharren, die Mounira jeden Morgen für ihr Wohlbefinden nutzt. Wenn aus diesen zehn Minuten zwanzig oder dreißig werden, ohne dass jemand hektisch den Saal verlässt, umso besser. In Hamburg ist die Gruppe in den vergangenen Jahren immer größer geworden und immer geübter.

Doch Google wäre nicht Google, wenn es aus Achtsamkeit keinen Trend machen würde, der am besten die ganze Welt in seinen Bann zieht. Nichts weniger möchte der Ingenieur Chade-Meng Tan, Googles sogenannter «Jolly good fellow», den die meisten in der Zentrale in Mountain View nur mit einem breiten Grinsen auf seinem runden Gesicht kennen und der gerne Witze über Ingenieure und seinen chinesischen Akzent macht. Er hat die Achtsamkeit in ein eigenes Programm gegossen, das er (für eine Internetsuchmaschine nur folgerichtig) «Search Inside Yourself» genannt hat. Auch ein Buch hat er dazu geschrieben, eingängig, pragmatisch und launig ist es, so dass auch der Letzte merken wird: Achtsamkeit kann jeder. Viel Forschung ist dort hineingeflossen, auch das ist nicht überraschend für einen Ingenieur, der Kurs wurde zusammen mit Jon Kabat-Zinn und Wissenschaftlern von der amerikanischen Eliteuniversität Stanford entwickelt. Unzählige Mitarbeiter haben ihn ausprobiert, immer wieder wurde er verbessert. Herausgekommen ist ein Programm, das zweieinhalb Tage dauert und sowohl Theorie als auch Praxis umfasst.

«Search Inside Yourself» ist ein Programm, von dem einige Google-Mitarbeiter behaupten, es hätte ihr Leben verändert. Chade-Meng Tan mag das schon freuen, doch er will viel mehr als das: Weltfrieden, durch Achtsamkeit für alle. Das ist nicht als Scherz gemeint.

Da trifft es sich gut, dass Google gerade dabei ist, die Achtsamkeit in die Wirtschaft zu tragen. Wenn jetzt gerade Manager, Ingenieure und Programmierer damit anfangen, achtsam zu werden, hat das viel mit dem Konzern und seinem Sendungsbewusstsein zu tun. Denn er schließt damit eine große Lücke: Die Yoga-Welt ist vielen zu esoterisch. Menschen wie Mounira Latrache sind für Esoterisches sehr empfänglich, aber bei einer Führungskraft kann man damit nicht unbedingt landen. Mit einem Imageproblem hat auch das MBSR-Programm zu kämpfen. Da mögen noch so viele Studien die Wirksamkeit belegen, es trägt das Problem im Namen: Wer Stressreduktion anstrebt, müsste zuerst einmal zugeben, dass er unter Stress leidet, und das tut niemand gerne, der vor der Realität noch die Augen schließen kann. Viele finden ein achtwöchiges Programm für sich selbst deshalb überhaupt nicht relevant.

«Search Inside Yourself» dagegen zielt vor allem auf «Leadership» – und wer möchte nicht gerne eine inspirierende Führungskraft sein? Achtsame Führung verspricht glücklichere Chefs und damit glücklichere Mitarbeiter und letztlich auch zufriedenere Kunden. So hat jeder etwas davon. Noch dazu ist Google absolut unverdächtig, einen Haufen esoterischer Traumtänzer zu beschäftigen. Inzwischen macht sich der Eindruck breit: Wenn sich so nüchterne Menschen wie Ingenieure mit Achtsamkeit beschäftigen, muss etwas dran sein. Viele Unternehmen folgen deshalb schon Googles Beispiel und schicken ihre Mitarbeiter auf Achtsamkeitsseminare.

Das macht Leute nervös, die befürchten, dadurch würde Achtsamkeit zu einem weiteren «Tool» in der Mitarbeiterförderung, zu einer schnellen und wirkungsvollen Methode, um danach noch besser mit ihrem hektischen Leben weitermachen zu können. Das ist natürlich das Gegenteil dessen, was Achtsamkeit erreichen möchte. Und es ist auch das Gegenteil von dem, was Mounira Latrache erreichen möchte. Sie hat Größeres im Sinn, seitdem sie «Search Inside Yourself»-Lehrerin ist. Sie unterrichtet nicht nur bei Google, sondern auch in offenen Workshops außerhalb der Google-Welt. «Meine Vision ist, dass wir die Art, wie wir arbeiten, grundlegend verändern», sagt sie. Warum? «Weil wir nicht auf eine Weise arbeiten, die nachhaltig ist.» Die Zeiten, in denen Führungskräfte mit Druck von oben führen, sind ihrer Ansicht nach vorbei. Jetzt zähle das Team. Mehr Mitgefühl, weniger Konkurrenz, mehr Miteinander, weniger Hierarchien. «Unsere Business-Welt braucht eine Transformation», fordert sie.

Nicht nur privat, auch beruflich verbringt sie deshalb einen ganzen Batzen an Zeit mit dem Thema Achtsamkeit. «Search Inside Yourself» ist für sie das, was man bei Google ein 20-Prozent-Projekt nennt. Diese Regel gibt es bei Google schon seit Anbeginn: Jeder Mitarbeiter soll 20 Prozent seiner Arbeitszeit auf ein Herzensprojekt verwenden. Wo viele Ingenieure auf einem Haufen sitzen, kommt natürlich viel Programmierarbeit zustande. Das Nachrichtenportal Google News und der E-Mail-Dienst Gmail wurden so geboren. Mounira dagegen verbringt ein Fünftel ihrer Arbeitszeit damit, solche Kurse zu unterrichten. Außerdem bildet sie sich weiter, wo sie nur kann, vier Wochen Yogalehrerkurs in London zum Beispiel.

Das hat viel bei ihr verändert. Längst geht es ihr nicht mehr nur darum, mit dem Stress klarzukommen, sondern ihren Blick zu schärfen für das, was wichtig ist. Jetzt geht sie mit einem offenen Herzen durch die Welt und sieht klarer als jemals zuvor, wenn jemandem – auch ihr selbst – der Schuh drückt. Mounira isst und trinkt auf eine achtsame Weise und führt ihre Unterhaltungen nach diesem Prinzip. Multitasking ist ihre Sache längst nicht mehr, sie lenkt ihren Fokus nur noch auf eine Sache, solange es geht. Abends reflektiert sie noch: Wofür bin ich dankbar? Seitdem sie das regelmäßig macht, ist es für sie zu einer Gewohnheit geworden, tagsüber nach Gründen dafür zu suchen. Sie geht durch die Welt und sieht Dinge, für die sie dankbar ist: dass sie gesund ist und es ihrer Familie gut geht. Dass sie anderen helfen kann. Oder auch nur, dass ihr Bett so weich ist.

Anfangs hat sie sich wie ein Hippie gefühlt, und auch jetzt noch fürchtet sie, dass es pathetisch klingt, wenn ihr Herz überschäumt, das räumt sie unumwunden ein. Aber sie findet, dass sie ihre Arbeit jetzt besser macht. Und nicht nur besser, auch effektiver. Ein gestresstes Gehirn ist nicht lernfähig und nicht kreativ. Weil sie mehr Abstand zu den Dingen hat, sieht sie diese oft aus der Vogelperspektive, wie sie es nennt. «Während andere noch voll in dem Konflikt stecken, bin ich schon bei der Lösung», sagt sie.

Mounira hält Bewusstsein sogar für ansteckend. «Je mehr Bewusstsein in einem Raum ist, desto bewusster werden andere», sagt sie. Die Spannung in einem Raum kann sich drehen, nur weil Menschen bewusster an die Sachen herangehen. Außerdem, und das ist ein schöner Nebeneffekt, schreibt sie nicht annähernd mehr so viele E-Mails. Jetzt hat sie keine Probleme damit, nach Hause zu gehen, bevor die letzte E-Mail beantwortet ist.

So hat sie das Gefühl, durch die regelmäßige Meditation unendlich mehr Zeit zu haben als früher. Die Tage werden länger, wenn jeder Moment zählt. Das hat auch damit zu tun, dass sie nun viel mehr aufnimmt, seitdem sie die Dinge bewusster tut. «Jeder Moment ist so reich, dass ich das Gefühl habe, der Tag dauert viel länger.»

Welch
VERSPÄTUNG,
mit dem
Leben
ANZUFANGEN,
wenn man
AUFHÖREN
muss.

11. Kapitel: Der Tod ändert alles

Das wohl Bemerkenswerteste an Lena Schoenfelder war ihr Lachen. Sie lachte laut und herzlich und so häufig es ging. Dann warf sie ihren Kopf und ihre halblangen Haare zurück, die mal grellrot, mal wasserstoffblond gefärbt waren. Ähnlich laut und hemmungslos hielt sie es mit dem Singen, das geschah meist in ihrem kleinen moosgrünen Polo. Dabei klopfte sie den Rhythmus auf dem Lenkrad mit oder tanzte mit den Händen in der Luft, sie reckte ihre kleine Nase nach oben, und die Wangen bebten. Ließ man sie einmal kurz an einem belebten Platz stehen, hatte sie schon wieder jemanden Neues kennen gelernt, wenn man nach wenigen Minuten zurückkehrte. Langweilig wurde es mit Lena nie. Das Abitur hatte sie seit mehr als einem Jahr in der Tasche, aber studieren wollte sie allenfalls die Welt – USA, Chile, Israel – und kein Fach, das sie zu sehr einengte. Selbstverwirklichung im Beruf, ja in welchem denn? Gerade hatte sie einen Chor gegründet, doch damit ließen sich allenfalls Lorbeeren verdienen. Das Geld musste warten. Mal war Lena voller Lebenslust, mal voller Herzschmerz, allein die Lektüre von *Jane Eyre* rührte sie zu Tränen. Jedenfalls war sie immer lebendig. Lebendiger als die meisten, die sie um diese Lebensfülle beneideten.

Bis zum 10. Januar 1997, einem Freitagabend kurz vor 23 Uhr. Es war kalt auf den Straßen Berlins, Schnee lag auf den Gehwegen, und Lena war in ihrem Polo auf dem Weg nach Hause. Vielleicht hörte sie auf dem Weg die Beatles oder Die Ärzte und sang lauthals mit, als sich ihr ein BMW mit 130 km/h näherte. Am Steuer saß Roman J., ein nicht mehr ganz so junger Familienvater, sturzbetrunken und auf der Flucht vor der Polizei. Zwei Autounfälle hatte er zu diesem Zeitpunkt schon verursacht, der Zusammenprall mit Lenas Auto war der dritte. Er erwischte sie schräg von hinten, der kleine Polo flog durch die Luft, drehte sich dabei mindestens einmal um die eigene Achse und zerschellte an einem Laternenpfahl. Es gab nichts, was die Ärzte noch für sie tun konnten, zwei Tage später starb Lena im Krankenhaus. Sie wurde 21 Jahre alt. Ihre Familie, ihre Freunde waren fassungslos. Weit mehr als hundert Menschen kamen zu ihrer Beerdigung, weil sie nicht von Lena lassen wollten.

Jeder, der den Tod schon einmal aus nächster Nähe erlebt und an sich herangelassen hat, weiß, dass er alles ändern kann. Nicht nur für den, der geht. Auch für die, die zurückbleiben, Familie, die Freunde. Alles, was bis dato wichtig und bedeutsam schien, wird durch den Tod auf ein Zwergenmaß zurechtgestutzt. In dieser Zeit, den fremden und damit oft auch den eigenen Tod vor Augen, verschieben sich die Prioritäten radikal. Meist nur für den Moment. Manchmal aber auch für immer. Bei Solveig Hansen war das so. Ohne Lenas Tod hätte sie wahrscheinlich ein konventionelles, sehr fleißiges Leben geführt, mit einer festen Arbeitsstelle, einer kleinen Familie und viel Routine. Wie die meisten von uns. Doch weil Lena ihr Leben lassen musste, hat Solveig ihres der Spontaneität gewidmet.

Deshalb treffen wir sie an einem warmen Sommerabend auf dem Dach eines großen Mietshauses, Berliner Altbau mitten in Prenzlauer Berg. Auch Lena hat gerne auf Dächern gesessen. Dazu fahren wir nicht mit einem schicken Fahrstuhl hoch in ein Penthouse, sondern klettern über eine Leiter durch die Dachluke auf ein Flachdach, das sonst nie besucht wird, allenfalls von Solveig. Während sie leichtfüßig über den schmalen Teil des Daches läuft – ihre kleinen, dunkelblonden Locken wippen, das blaue Kleid schwingt bei jedem Schritt –, laufen wir in gebückter Haltung und klammern uns an ihr fest, um unser Schwindelgefühl zu bekämpfen. Bloß nicht zur Seite schauen! Dann will sie auch noch über den Schornstein auf die andere Seite des Daches, der schönen Aussicht wegen, aber da weigern wir uns. Hier ist es auch schön. Wir sitzen auf einem schmalen Hausvorsprung mit dem Rücken an der warmen Mauer und reden darüber, wie der Tod das Leben bestimmt.

Lenas Tod war für Solveig ein Schock, zeigte er doch mit brutaler Klarheit, dass der Tod vor nichts haltmacht, nicht einmal vor Lenas geballter Lebensenergie. Er war für sie deshalb der Startschuss in ein Leben, das es in vollen Zügen zu genießen gilt, solange es geht. Kein Tag soll vergehen, ohne dass sie ihn auskosten könnte. Beruflich hat sie das ausgebremst, für längere zeitraubende Projekte, die ihr eine Karriere ermöglicht hätten, gab es nie Raum. Jetzt gibt sie Bewegungsunterricht in einer Klinik und in einem Hort und leitet Feldenkrais-Kurse, doch nie nach 16 Uhr und am Freitag gar nicht. Das alles bringt nicht sonderlich viel

Geld, aber sie braucht auch nicht viel. Ihre Wohnung mitten im Prenzlauer Berg kostet 260 Euro, weil sie keine Badewanne, aber dafür einen Kohleofen hat. Jeden Winter muss sie Kohlen schleppen, vom Keller bis hoch in den vierten Stock. Auch deshalb verdrückt sie sich jeden Winter für zwei Monate irgendwohin, mal nach Spanien, mal nach Marokko. Zu ihrem vierzigsten Geburtstag hat sie angefangen, Kontrabass zu lernen. Seit Lenas Tod ist ihr klar: In irgendwelche fremden Strukturen möchte sie sich nicht pressen lassen, schon gar nicht von der Arbeit. Dazu ist das Leben zu kurz.

Von der Kürze des Lebens

Wie der Tod unser Leben prägt, beschäftigt die großen Denker der Welt schon seit Jahrtausenden. Der römische Philosoph Seneca lebte vor zweitausend Jahren, und das glückliche Leben hatte es ihm besonders angetan. In vielen Briefen schrieb er seine Gedanken dazu auf. *Von der Kürze des Lebens* heißt eines seiner Werke, und es liest sich wie eine Tirade, die er auch heute noch halten könnte, ohne eine Silbe zu ändern. Sie beginnt eigentlich hoffnungsfroh: «Das Leben, das uns gegeben ist, ist lang genug und völlig ausreichend zur Vollführung auch der herrlichsten Taten, wenn es nur von Anfang bis zum Ende gut verwendet würde», heißt es. Jedenfalls, wenn wir uns nicht in «üppigem Schlendrian» ergehen. Und dieser üppige Schlendrian lauert an jeder Ecke, das war schon im alten Rom nicht anders. Habsucht, Ehrgeiz, Wollust, Neid, mit vielem lässt sich das Leben verschwenden. Überall stehlen uns falsche Bekannte, nichtssagende Gespräche und überflüssige Tätigkeiten die wertvolle Zeit.

Und wir sind uns dessen nicht einmal bewusst. Jeder bemühe sich, kein Geld zu verprassen, aber wenn es um die Zeit geht, so werden wir zu großen Verschwendern, schimpft Seneca. «Ihr lebt, als würdet ihr immer leben!», schleuderte er den Menschen entgegen. Nur ein kleiner Teil würde für das Leben genutzt, der ganze übrige Teil ist bloße Zeit. Doch mit dem Leben müsse man sofort beginnen und könne nicht erst darauf warten, dass man irgendwann mit der Arbeit einmal kürzertritt. «Welche Verspätung, mit dem Leben anzufangen, wenn man aufhören muss!»

Stimmt alles, damals wie heute, nur dass man damit noch immer nicht weiß, wie man es nun richtig macht. Seneca hatte klare Vorstellungen davon, womit man seine Zeit nicht verschwenden sollte, jedenfalls nicht mit «geschäftigem Nichtstun». Selbst die Glücklichsten sind nur dazu verdammt, an ihrem Glück zu ersticken, sagt er und zählt auf: «Wie vielen wird der Reichtum zur Last? Wie vielen raubt das Rednergeschäft und das tägliche Verlangen, ihr Talent leuchten zu lassen, die wahre Lebenskraft. Wie viele bieten infolge des unaufhörlichen Sinnengenusses den Anblick von wandelnden Leichen! Wie vielen lässt die sich drängende Klientenschar keinen freien Augenblick.» Und auch das kommt uns bekannt vor. Auch im alten Rom haben sich die Menschen mit unnützem Wissen vollgestopft. «Ein Jammer, dass auch die Römer die eitle Sucht ergriffen hat, sich mit überflüssigem Lernstoff zu belasten», kritisierte Seneca.

Aber was soll man stattdessen tun? «Edles Streben», regt der römische Gelehrte an. «Der Muße wirklich ergeben sind überhaupt nur die, die ihre Zeit der Weisheit widmen; denn sie allein führen ein wirkliches Leben.» Sagt's und nennt auch schon einige der großen griechischen Denker als Lesevergnügen: den Mathematiker Pythagoras, den Philosophen Aristoteles. Sein ganzes Leben wird voll davon gewesen sein, schließlich war er eine der Schlüsselfiguren der «Stoiker», jener Philosophenriege, die sich durch Pragmatismus und Lebensnähe auszeichneten, die nicht im Jenseits, sondern im Diesseits lebten und stets auf der Suche waren nach «dem glücklichen Leben», aber einem, das auch der Gemeinschaft zugutekommt. Seneca war der maßgebliche Berater von Kaiser Nero und deshalb schon qua Amt dazu angehalten, nur das Klügste zu lesen und seine Gedanken nicht auf Profanes zu verschwenden. Wichtiges konnte er von Unwichtigem trennen.

Doch genau das ist heute eine kaum zu bewältigende Aufgabe – in einer Zeit, in der zwar alles möglich, aber noch lange nicht alles machbar ist. Nimmt man ernst, dass man sein Leben zu jedem Zeitpunkt nutzen muss, kann das nicht nur wie für Solveig in ein Lebensideal münden, sondern auch in Stress. Selbst wenn wir es mit dem eitlen Streben und der Weisheit im Sinne von Seneca nicht ganz so genau nehmen, wird es anstrengend. Denn das Leben ist für die meisten eigentlich nur dann zu bewältigen, wenn man nicht ständig an sein Ende denkt. Ein langwieriges Studium, ein nervtötendes Examen, die Mühen der ersten Arbeitsstelle ergeben nur dann einen Sinn, wenn man nicht damit rechnet, dass das Leben morgen schon vorbei sein könnte. Im Sprint lässt sich kein Marathon laufen. Das wusste auch schon Seneca. Sein stetiges Mahnen zielte vor allem darauf, dass die Menschen sich überhaupt einmal dem Wertvollsten widmeten, das sie hatten, der Zeit.

Wir werden immer älter

Mehr denn je gilt heute: Das Leben ist ausreichend lang, viel länger, als es jemals war. Die Menschen werden immer älter, selbst Hundertjährige sind keine Seltenheit mehr. Innerhalb des letzten Jahrhunderts hat sich unsere durchschnittliche Lebenserwartung verdoppelt, in der Geschichte der Menschheit ist das ein einmaliger Vorgang. Rein rechnerisch haben wir daher so viel Zeit wie niemals zuvor, und das gepaart mit einer einzigartigen körperlichen Kondition oft bis in hohe Alter. Uns müsste es also prächtig gehen. Doch wir können so alt werden, wie wir wollen, wir haben trotzdem nicht das Gefühl, dass wir genug Zeit haben.

Die Unberechenbarkeit des Todes spielt dabei eine entscheidende Rolle. Es ist seit jeher dieses Wissen um die Endlichkeit, die unser Verhältnis zur Zeit bestimmt. Andererseits ist in uns schon die abstrakte Erkenntnis gereift, dass uns das ewige Leben auch nicht glücklicher machen würde. Irgendwann ist alles schon einmal da gewesen, jeder Geburtstag gefeiert, jedes Land bereist, jedes Gefühl durchlebt und überstanden. Wozu lohnt es sich dann noch zu leben? Zwischen diesen beiden Extremen eine Balance zu finden ist schwierig.

Der Tod also bestimmt alles. Und da gibt es gute Neuigkeiten: Je näher wir unserem natürlichen Lebensende rücken, umso besser geht es uns. Das klingt paradox, schließlich ist der Körper nicht für die Ewigkeit geschaffen. Die Knochen bröckeln, die Zähne auch, die Nerven zittern und das Hirn wird vergesslich. Vieles wird auf einmal beschwerlich. Das alles sind gute Gründe, um sich mit zunehmendem Alter immer schrecklicher zu fühlen, und einigen geht es auch so. Das weiß jeder, der nicht abgeschieden auf einer einsamen Insel lebt. In jedem Wohnblock gibt es einen griesgrämigen «Hausdrachen», der auf die Einhaltung der Regeln pocht, Neuem stets verschlossen gegenübersteht und beim besten Willen keinen Lärm erträgt. Und meistens ist dieser Hausdrachen alt (oder sieht zumindest so aus). Doch nicht nur in Nachbarschaften treibt er sein Unwesen. Die «wütenden alten Männer» (auch einige Frauen werden darunter sein) haben sich zu einem neuen soziologischen Phänomen gemausert, erst im Internet mit ihren schamlosen Attacken, dann als veritable Wählergruppe überall in der westlichen Welt. In Deutschland dominieren sie angeblich die AfD-Wählerschaft, in Großbritannien haben sie den Brexit entschieden, in den Vereinigten Staaten sind sie die größten Anhänger von Donald Trump.

Altern muss etwas Schreckliches sein, denkt man beim Anblick dieser ständig Unzufriedenen. Doch es hilft, sich zu erinnern: Das ist die Ausnahme, nicht die Regel. Viele Menschen sind im Alter erstaunlich gut gelaunt, und zwar besser als jemals zuvor in ihrem Leben. Doch weil die öffentliche Wahrnehmung so anders ist und die miesepetrigen Alten das Bild dominieren, haben Sozialwissenschaftler den Befund, der den Widerspruch auf den Punkt bringt, die «Paradoxie des Alterns» genannt. Man mag sich mit siebzig Jahren für noch so jung und quicklebendig halten, aber eine durchzechte Nacht steckt man nicht mehr so einfach weg wie mit 18 – trotzdem sind die Menschen zufriedener, je näher der Tod rückt.

Natürlich gilt das nicht für all diejenigen, die mit einer todbringenden Krankheit zu kämpfen haben, die sie früher aus dem Leben reißt als erhofft. Kein Krebspatient wird die letzten Monate seines Lebens als sorgenfrei und unbeschwert erleben. Aber für all diejenigen, die bei angemessener Gesundheit langsam und zielgenau dem natürlichen Ende zusteuern, setzt eine unverhoffte Zufriedenheit ein.

Laura Carstensen hat das Phänomen der glücklichen Alten hinreichend untersucht. Sie hat ihre Forschung der Langlebigkeit gewidmet und dafür eigens ein Institut gegründet, das Center on Longevity an der Stanford-Universität in Kalifornien. Langlebigkeit ist nicht nur ein Forschungsfeld, es ist ein großes Geschäft. Denn die munteren Senioren sind natürlich eine andere Zielgruppe als ihre griesgrämigen Altersgenossen und so etwas wie die *happy spender*. Für Carstensen sind sie jedoch weit mehr als das: Sie sind die Bevölkerungsgruppe, die das Zeug hat, unsere ganze Gesellschaft umzuwälzen.

Das Glück des Alters

In umfangreichen Langzeitstudien haben Carstensen und ihr Forscherteam festgestellt, dass ältere Menschen zufriedener sind als jüngere. Dafür gibt es viele Gründe, der nahende Tod ist erstaunlicherweise einer davon. Das liegt nicht etwa daran, dass er keine Angst mehr bereiten würde. Viele Menschen fürchten sich vor dem Tod, und das zu Recht. Aber er befreit uns von der Last, Pläne für die Zukunft zu schmieden. Natürlich ist es aufregend, seine Interessen und Neigungen zu erforschen, zu studieren, fremde Länder zu bereisen und sich schließlich für einen Partner und für ein Studium zu entscheiden. Doch das ist vor allem im Rückblick und mit einigem Abstand aufregend. Mittendrin ist es vor allem anstrengend. Wenn wir jung sind, tun wir absurde Sachen, verschwenden endlos viel Zeit auf langweiligen Partys mit uninteressanten Freunden, nur um herauszufinden, was wir mögen und was nicht. Wir küssen Angeber, die wir nicht mit dem Hintern ansehen sollten, nur weil wir keine Ahnung haben, was uns wichtig ist.

Besonders die Teenager stellt man sich immer unglaublich glücklich vor, auch in Verklärung der eigenen Vergangenheit. Das sind sie nicht. Teenager zu sein hat schöne und schreckliche Seiten. Das hat schon rein körperliche Gründe. Der Körper wächst in unterschiedlichen Geschwindigkeiten, deshalb ist die Nase häufig zu groß, das Gesicht im Vergleich dazu zu klein. Noch dazu verändert sich das Gehirn in dieser Zeit so stark, dass echte Defizite entstehen: Konzentration, Folgeneinschätzung, Risikobewertung –

nichts davon ist ausgereift. Dann all diese Hormone, die den Verstand ausschalten und den Körper willenlos machen – und das soll die schönste Zeit des Lebens sein?

Schöner sind die Jahre danach, zwischen zwanzig und dreißig. Da ist man seelisch gefestigter, aber es ist auch die Zeit, in der man die Weichen für den Rest des Lebens stellt. 80 Prozent aller wichtigen Entscheidungen treffen wir, bevor wir 35 Jahre alt sind – Beruf, Ehe, Kinder. Wer da nicht effizient seinen Zielen nachgeht, dem droht mit vierzig das böse Erwachen.

Lässt man die Dreißig hinter sich, rutscht man fast unweigerlich in die «Rushhour des Lebens», weil man jeden Tag aufs Neue versucht, Familie und Beruf in Einklang zu bringen. Auch keine besonders unbeschwerte Zeit. Die kommt erst viel später, wenn wir gar nicht mehr mit ihr rechnen, etwa mit Mitte sechzig. Das ist nicht umsonst die Zeit, in der die Menschen langsam aus dem Beruf herausgleiten, wenigstens gedanklich, und ihren zweiten Frühling erleben. In der sie die Hörsäle verstopfen, um zu studieren, ohne jemals einen Abschluss machen zu müssen. In der sie nach der Vorlesung nicht direkt auf die Bibliothek, sondern auf das Café zusteuern, um mit all der geballten Lebenserfahrung den Dozenten und seine Leistung zu analysieren, durchaus wohlwollend zwar, aber eben auch sehr selbstbewusst. In der sie die Welt umsegeln und ferne Länder bereisen.

Das bedeutet übrigens nicht, dass ältere Menschen mehr Glück empfinden. Auch mit siebzig ist keiner unentwegt überschwänglich. Aber die Älteren sind weniger unglücklich, und das hilft schon mal. Warum? Weil sie andere Prioritäten setzen, weniger in Zwängen gefangen sind und sich freier bewegen. Im Laufe eines lehrreichen Lebens haben sie genug schlechte Erfahrungen gesammelt, um ihnen erfolgreich aus dem Weg zu gehen. Man lernt schließlich dazu. Gleichbleibendes Glück, aber weniger Unglück, das ist die Mischung, die älteren Menschen zu einer besseren Bilanz verhilft. Je mehr körperliche Gebrechen dazwischenfunken, desto negativer wird die Bilanz. Aber sie wird niemals so schlecht wie in jüngeren Jahren.

Im Alter kommt übrigens noch ein Phänomen hinzu, wie Laura Carstensen und ihre Forscherkollegen herausgefunden haben: Glück und Unglück wachsen immer enger zusammen und verschmelzen manchmal sogar. Das sind die Momente, die wir mit einem lachenden und einem weinenden Auge betrachten, weil sie so schön sind – und so selten, dass wir sie in der verbleibenden Lebenszeit womöglich nie wieder erleben werden.

Das mag gemeint sein, wenn es immer so schön heißt, die Zeit heilt alle Wunden, auch den Stress und den chronischen Zeitmangel. Wir müssen noch nicht einmal viel dafür tun, außer aus unseren Fehlern zu lernen. Das könnte auch der positive Effekt einer umgekehrten Bevölkerungspyramide sein: Je mehr ältere Menschen es gibt, desto besser für alle, weil sie den Jüngeren aus der Patsche helfen können, wenn sie es am dringendsten brauchen. Manche kümmern sich so hingebungsvoll um die Enkel, dass diese zumindest zeitweise von ihren eigenen Eltern gar nichts mehr wissen wollen. Dadurch bringen sie auch den Jüngeren jene Gelassenheit, die das Leben einfacher macht.

Uns kommt es so vor, als sei Solveig schon jetzt an diesem Punkt angelangt. Das viele Grübeln über Lenas Tod, auch fast zwanzig Jahre danach, hat dazu geführt, dass sie klarer sieht, was sie will und was nicht. Deshalb turnt sie auf Dächern herum und spielt jetzt Kontrabass.

Auf dieses *Paradies* waren wir nicht vorbereitet.

12. Kapitel: Zu guter Letzt

Wir leben in merkwürdigen Zeiten. Das kann man an Anil sehen. In gewisser Hinsicht hat er es geschafft: Er lebt in der Stadt seiner Träume, in New York. Zuvor hat er die ganze Welt bereist, wurde in Indien geboren, hat in Afrika gelebt, sogar nach Georgien hat es ihn eine Zeitlang verschlagen. Doch nun ist er in New York und tut, was er am liebsten macht: schauspielern. Er hat einen Platz in einer renommierten Schauspielschule ergattert und besucht die Kurse voller Hingabe. Doch an diesem Samstagmorgen hat er keine Kraft mehr. Wir treffen ihn an der Kaffeemaschine seines Wohnheims, er ist völlig übermüdet und schlecht gelaunt. Wie jeden Freitag hat er sich die Nacht in dem Fernsehstudio eines indischen Fernsehsenders um die Ohren geschlagen, um sich sein Leben in New York leisten zu können. Wie immer war er den Launen seiner impertinenten Chefin ausgeliefert, hat die ganze Nacht herumrennen müssen und ist einfach fertig. Wie sehr sehnt er sich nach seinem Bett. Dort will er nun direkt hin, ohne den Umweg über seinen Kurs in der Schauspielschule. Für nichts haben wir mehr Verständnis als dafür, aber es bedeutet auch, dass er seine Leidenschaft ausgerechnet für den Job opfert, der ihm diese Leidenschaft finanziert. Dass das verrückt ist, sieht Anil schnell ein. Müde schleppt er sich zu seinem Kurs und kehrt einige Stunden später glücklich zurück – natürlich direkt in sein Bett.

Was daran merkwürdig ist? Jahrhundertelang gab es für die meisten nichts zu wollen und schon gar nichts zu wählen. Doch wer jetzt nach New York will, kann jederzeit dorthin fahren, Schauspielunterricht nehmen oder Autor sein. Wer es gerne konventioneller mag, öffnet wie selbstverständlich das Studienverzeichnis jeder x-beliebigen Uni und kann zwischen Tausenden von Studiengängen wählen, von denen man vorher noch nie gehört hat. Wer Informationsbedarf hat, geht ins Internet und holt sich das Gewünschte bei Google oder Facebook oder Twitter. Nur der Vollständigkeit halber kann man noch mal Mama und Papa fragen.

Doch statt Euphorie macht sich Ernüchterung breit: Auf dieses Paradies waren wir nicht vorbereitet. Dass diese ungeahnte Fülle Zeit und Kraft kostet, hatten wir nicht auf dem Schirm. Deshalb stoßen wir trotz all dieser Möglichkeiten immer wieder an Grenzen, körperlich, geistig, organisatorisch, finanziell – auch zum Scheitern bietet das Leben jetzt unbegrenzte Möglichkeiten. Anil kann zwar in New York seiner Leidenschaft nachgehen, aber das heißt noch lange nicht, dass aus ihm ein Star wird. Es heißt noch nicht einmal, dass er sich das auch leisten kann. Dafür braucht er Zeit. Zeit für die Bühne. Zeit, um Geld zu verdienen. Zeit zum Schlafen.

Unsere Lebenszeit hat sich zwar buchstäblich ausgedehnt, nie lebten die Menschen länger als jetzt, aber das kommt nicht richtig bei uns an. Es hat bisher vor allem dazu geführt, dass jetzt die älteren Semester ihren zweiten Frühling nachholen, die Universitäten als Gasthörer bevölkern, auf Reisen gehen und sich an ihrer freien Zeit freuen. Doch bis es endlich so weit ist, fühlen sich viele so erschöpft, als müssten sie noch immer jeden Eimer Wasser einzeln aus dem Brunnen ziehen.

Was läuft da verkehrt? Gründe dafür gibt es viele, große und kleine, auch viele, die die meisten schon kennen. Doch das bedeutet noch lange nicht, dass sie sie auch vermeiden. Der falsche Zauber des Multitasking gehört zu den erdrückendsten. Multitasking kann praktisch sein. Telefonieren kann man mit allerlei Tätigkeiten verbinden: Spazierengehen, Warten auf den Bus, Putzen. Das funktioniert hervorragend und ist ein echter Gewinn, denn früher musste man sich oft für das eine oder das andere entscheiden – und meistens musste das Telefonat mit den Freunden daran glauben. Doch heute findet Multitasking kein Ende mehr, inzwischen ist es schon fast eine Besonderheit, wenn sich jemand auf eine Sache konzentriert. Dabei ist in zahlreichen Studien hinlänglich bewiesen, dass wir mehrere Dinge auf einmal nicht beherrschen, jedenfalls nicht gut. Deshalb müssen wir bei den wichtigen Fragen doch wieder dahin zurück, uns zu entscheiden.

Das führt uns zu einem anderen Problem: Wer alle Dinge immer gleichzeitig tut, setzt keine Prioritäten mehr. Viele können nicht mehr unterscheiden zwischen wichtiger und unwichtiger Arbeit, zwischen Dingen, die man tunlichst erledigen sollte, und solchen, die man auch getrost liegen lassen kann. Damit verplempert man viel Zeit. Schlimmer noch: Man ist nicht mehr voll bei der Sache, vielmehr gefangen in einem Chaos von Gedanken und Gefühlen, wie der Achtsamkeitslehrer Jon Kabat-Zinn das Dilemma aus knapp vierzig Jahren Klinikerfahrung beschreibt. Was er bei seinen Patienten beobachtet hat: «Sie schweifen ständig ab, werfen immer wieder einen Blick auf ihr Smartphone, was für neue Infos dort eintreffen. Viele hören nicht mehr auf ihren Körper.» Der Augenblick, das Hier und Jetzt, hat keinen Wert mehr, dabei ist er das Einzige, das wir haben.

Das zu ändern ist schon schwer genug, aber letztlich ist es auch wichtig, den Blick auf das ganze Leben zu ändern. Denn im Moment erledigen wir alles Wichtige zur gleichen Zeit. Der Ausbildung können wir uns noch konzentriert widmen, vielleicht ist deshalb die Studienzeit eine der schönsten im Leben. Doch schon im Beruf ist es weniger amüsant. Das liegt nicht nur daran, dass es jetzt gilt, sich unterzuordnen, sondern es passiert auch so viel zur gleichen Zeit. Man will nicht nur dem Chef gefallen, sondern sollte auch endlich mal die Familienfrage klären. Während es an die Karriereplanung geht, fängt die biologische Uhr an zu ticken. Und wenn die Kinder erst einmal da sind und Kindergarten, Schule, Hort und die Bedürfnisse von Chef und Kollegen koordiniert werden müssen, ist ohnehin nichts mehr so, wie es einmal war. Später, wenn die Kinder erst einmal aus dem Haus sind und die Routine ein unschlagbarer Vorteil ist, hat man die Zeit für eine ordentliche Karriere schon längst überschritten. Warum das so ist? Weil es schon immer so war. Aber das heißt noch lange nicht, dass es immer so bleiben sollte. Nicht in diesen Zeiten.

Dagegen kämpfen inzwischen einige an, Jutta Allmendinger zum Beispiel. Sie ist Präsidentin des Wissenschaftszentrums für Sozialforschung in Berlin und schlägt vor, mehr «Unordnung» zu wagen. Sie sagt: Die klassische Dreiteilung des Lebens in Lernen, Arbeit, Erholung hat ausgedient. Stattdessen schlägt sie eine «Normalarbeitszeit» vor. 32 Wochenstunden soll jeder arbeiten – im Lebensdurchschnitt. Wer jung und voller Elan ist, darf ruhig mehr arbeiten, ebenso, wem zu Hause die Decke auf den Kopf fällt, weil die Kinder schon aus dem Haus sind. Das bedeutet aber auch, dass die Unternehmen klaglos hinnehmen müssen, wenn der Mitarbeiter in der Zwischenzeit auch einmal andere Prioritäten hat, die Familie zum Beispiel – kleine Kinder, kranke Eltern –, oder sich einfach nur weiterentwickeln will. Viel zu häufig zählt nur die Leistung im Moment, anstatt im Blick zu behalten, dass sich ein Arbeitsleben über mehr als vierzig Jahre hinzieht. Niemand ist ersetzbar, aber alle sind vertretbar, es müssen nur genügend Kollegen da sein, die einspringen können. Das zu organisieren ist keine Leichtigkeit, besonders für kleine Unternehmen. Doch für die großen sollte es eine Selbstverständlichkeit sein. Bisher allerdings gehen viele Unternehmen einen anderen Weg: Sie häufen lieber immer mehr Aufgaben auf die verbleibenden Schultern, selbst wenn es immer weniger werden.

An dieser Stelle wird häufig gefordert, dass die Mitarbeiter laut «Nein» rufen und Grenzen ziehen müssen. Das allerdings stellt die Verhältnisse auf den Kopf: Es ist der Arbeitgeber, der dafür sorgen muss, dass genügend Leute da sind, die die Arbeit erledigen können, auch in der Urlaubszeit. Wenn das nicht gelingt, hat er seinen Job nicht richtig gemacht.

Für den Einzelnen ist es wichtig zu wissen, wozu er Ja sagt. Dazu muss man allerdings seine Prioritäten kennen, man muss wissen, was man will – und was man kann. Dabei hilft das Internet ausnahmsweise nicht weiter. Manchmal kann es sogar stören, denn es hindert Menschen daran zu erkennen, was sie wollen – und nicht etwa, was andere von ihnen wollen. Ein bisschen Zeitnot kann dabei sogar hilfreich sein. Dann müssen wir zwangsläufig Prioritäten setzen und beginnen vielleicht endlich, unser Leben auszumisten.

Doch wenn der Stress kein Ende kennt, geht es schief. Anil hat zwar genau gewusst, was er wollte, und hat trotzdem für kurze Zeit seine Prioritäten aus den Augen verloren. Das geht schnell, wenn man müde und erschöpft ist. Dann kann es lange dauern, bis man die Prioritäten wiedergefunden hat. Anil hat wenig später den Job geschmissen, der ihm so viel Kraft und Zeit geraubt hat. Stattdessen hat er sich als Mathelehrer Geld nebenher verdient, um sich seine Schauspielerei zu finanzieren. Das hat ihm genug Zeit für sein Leben gegeben. Und darum geht es.

Wie schwer es ist, die Zeit so zu nutzen, wie man es möchte, haben wir bei der Arbeit an diesem Buch erlebt. In den vergangenen eineinhalb Jahren sind wir zu wahren Zeitexperten geworden, haben unser Leben abgespeckt und Prioritäten gesetzt. Und trotzdem wird alles graue Theorie, wenn sich die Unberechenbarkeit des Lebens wieder einmal Bahn bricht. Eine kleine Grippewelle hier, ein Sturz vom Skateboard da, dann geht der Computer kaputt – irgendetwas ist immer. Und während wir hoch konzentriert über den Unsinn des Multitasking fabulieren, versorgen wir nebenbei die Kinder mit Apfelsaftschorle und suchen ihre Schuhe. Ist deshalb alles umsonst? Oh nein! Was bleibt, ist die Erkenntnis, dass unsere Zeit ein großes Geschenk ist und dass wir stets aufs Neue versuchen, das Beste aus ihr zu machen.

Danke

Unser herzlicher Dank geht an Dr. Rainer Hank, ohne den dieses Buch niemals entstanden wäre; an all unsere Gesprächspartner, darunter vor allem Sabine Frieg von der Marburger Kommunikationsagentur «die kommunikatöre», die schon seit Jahren Menschen in Zeitnot hilft; an Niels Thies für ein kurzweiliges Fotoshooting, an Friederike Hartmann für ihre unermüdliche Korrekturarbeit und nicht zuletzt an Elvira, Sophia und Valentin Budras, die stets mitgefiebert haben, obwohl ihnen das Buch wertvolle Zeit gestohlen hat.

Quellen der Erkenntnis

1. Kapitel: Wie die Zeit in die Welt kam

Michael Endes Klassiker trägt den Titel «Momo oder Die seltsame Geschichte von den Zeit-Dieben und dem Kind, das den Menschen die gestohlene Zeit zurückbrachte». Das Buch ist im Thienemann Verlag erschienen.

Über die Zeitphilosophie in Michael Endes «Momo» schreibt Gernot Böhme in einem Aufsatz, der im Buch «Philosophie im Spiegel der Literatur» veröffentlicht wurde. Das Buch ist im Meiner Verlag erschienen.

Über das Leben von Michael Ende schreibt seine Biographin Birgit Dankert in ihrem Buch «Michael Ende: Gefangen in Phantásien», erschienen im WBG-Verlag.

Über die Geschichte der Zeitmessung gibt es ein lohnendes Podcast der BBC-Serie «In Our Time» mit dem Titel «The Measurement of Time» vom 29. März 2012.

Über die Geschichte der Zeiterfassung schreibt Robert Levine ausführlich in seinem Buch «Eine Landkarte der Zeit. Wie Kulturen mit Zeit umgehen», erschienen im Piper Verlag.

2. Kapitel: Schöne neue Arbeitswelt

Die Geschichte der Arbeitszeit in den Vereinigten Staaten wird in dem Podcast der Brian Lehrer Show des New Yorker Senders WNYC beschrieben. Die Sendung trägt den Titel «Time of Your Lives» vom 31. Dezember 2015.

Die Zahlen zur Arbeitszeit stammen vom Institut für Arbeits-
markt- und Berufsforschung, das eine Forschungseinrichtung
des Bundesarbeitsministeriums ist. Die Langzeitbetrachtung
wurde vom Institut für Arbeit und Qualifikation zusammengestellt.

Über das Problem der Selbstbestimmtheit schreibt der Autor Stefan Klein in seinem Buch «Zeit. Der Stoff aus dem das Leben
ist», erschienen im S. Fischer Verlag.

Die Zustände der Wanderarbeiter bei Amazon beschreibt die HR-
Dokumentation «Ausgeliefert! Leiharbeit bei Amazon» vom
13. Februar 2013.

Wie Geschäftigkeit die Motivation hebt, zeigt die Studie «Busyness
and Task Completion: How Being Busy Can Increase Moti-
vation and Reduce Task Completion Time» von Keith Wilcox,
Columbia University, New York, Juliano Laran, University of
Miami, Andrew T. Stephen, University of Pittsburgh, Peter
P. Zubcsek, University of Florida.

3. Kapitel: Technik, die entgeistert

Hartmut Rosa hat über die Schnelllebigkeit unserer Zeit ein Buch
veröffentlicht mit dem Titel: «Beschleunigung und Entfremdung. Entwurf einer kritischen Theorie spätmoderner Zeitlichkeit», erschienen im Suhrkamp Verlag.

4. Kapitel: Vom Sinn der Pause

Das Statistische Bundesamt hat ausgewertet, wie die Deutschen
ihre Zeit nutzen, und dies veröffentlicht in der Untersuchung
«Wie die Zeit vergeht, Ergebnisse zur Zeitverwendung in
Deutschland, 2012/2013», präsentiert am 26. August 2015.

Über das Freizeitverhalten der Deutschen hat der Sozialforscher
Ulrich Reinhardt mit Corinna Budras gesprochen für den Arti-

kel «Freizeit-Terror» in der Frankfurter Allgemeinen Sonntagszeitung vom 19. Juli 2015, Seite 39.
Die Stiftung für Zukunftsfragen, eine Initiative von British Ameri-
can Tobacco, untersucht das Freizeitverhalten der Deutschen im
Freizeitmonitor 2015.

5. Kapitel: Mahlzeit!

Die «Soziologie des Essens» beschreibt Eva Barlösius in ihrem
gleichnamigen Buch mit dem Untertitel «Eine sozial- und kul-
turwissenschaftliche Einführung in die Ernährungsforschung»,
erschienen im Juventa Verlag.
Gunter Hirschfelder skizziert die «Europäische Esskultur. Ge-
schichte der Ernährung von der Steinzeit bis heute» in seinem
Buch, das im Campus Verlag erschienen ist.
Das «egoistische Gehirn» beschreibt Achim Peters in seinem
gleichnamigen Buch mit Sebastian Junge, das im Ullstein Verlag
erschienen ist.
Über die Essgewohnheiten der Deutschen, insbesondere außer
Haus, informieren eine Studie des Nahrungsmittelkonzerns
Nestlé: «Wie is(s)t Deutschland 2016» und die Zukunftsstudie
«Wie is(s)t Deutschland 2030».
Wie häufig die Deutschen zu Hause essen, untersuchte das Mei-
nungsforschungsinstitut GfK in seinen Consumer Scan Panelein-
fragen 2005, 2011 und 2015.
Über die Zeitnot beim Essen haben sich 50 Prozent der Befragten
beklagt, heißt es in der Studie «Iss was, Deutschland?» von der
Techniker Krankenkasse aus dem Jahr 2013.
Die insgesamt acht Kochtypen sind beschrieben in der Veröffentli-
chung «Consumer Choices 2015», veröffentlicht von der GfK
und der Bundesvereinigung der Deutschen Nahrungsmittelindustrie.

6. Kapitel: Von Zeitlupen und Zeitraffern

Das Buch von Boris Razon heißt «Palladium» und ist im Ullstein Verlag erschienen.

Einige interessante Erklärungsansätze zur Zeitwahrnehmung von Kindern finden sich im Radio-Podcast der Brian Lehrer Show «Time of Your Lives» vom 31. Dezember 2015.

Die Experimente zur unterschiedlichen Zeitwahrnehmung unter anderem im Zusammenhang mit negativen Reizen beschreibt Marc Wittmann in seinen Büchern «Gefühlte Zeit. Kleine Psychologie des Zeitempfindens» und in «Wenn die Zeit stehen bleibt. Kleine Psychologie der Grenzerfahrungen». Beide sind erschienen im Verlag C.H.Beck.

Der Neurowissenschaftler David Eagleman wurde im amerikanischen Magazin «New Yorker» porträtiert unter dem Titel «The Possibilian», erschienen am 25. April 2011.

Die Untersuchungen zur gestörten Zeitwahrnehmung und die Suche nach einem Sinnesorgan für die Zeit beschreibt Stefan Klein in seinem Buch «Zeit. Der Stoff, aus dem das Leben ist», erschienen im S. Fischer Verlag.

7. Kapitel: Eingequetscht zwischen Beruf und Familie

Sehr witzig beschreibt der britische Kabarettist Michael McIntyre die Mühen der Kindererziehung in seinem Sketch «People with no kids don't know», zu sehen auf Youtube.

Ann-Marie Slaughters Artikel ist erschienen in der Zeitschrift *The Atlantic* unter dem Titel «Why Women Still Can't have it all», in der Ausgabe Juli/August 2012.

Das Buch zum Time-Management erfolgreicher Frauen von Laura Vanderkam heißt «I Know How She Does It: How Successful Women Make the Most of Their Time», erschienen im Verlag Penguin.

Die Studie über Multitasking wurde veröffentlicht von Thomas Buser und Noemi Peter und trägt den Titel «Multitasking: Productivity Effects and Gender Differences», Tinbergen Institute Discussion Paper TI 2011-044/3, 2011.

Die Studie über unglückliche Frauen wurde 2009 von Betsey Stevenson und Justin Wolfers veröffentlicht und trägt den Titel «The Paradox of Declining Female Happiness». Eine Ausnahme in dem internationalen Vergleich bildet kurioserweise Westdeutschland. Für ganz Deutschland gibt es wegen der Teilung in dem untersuchten Zeitraum leider keine aussagekräftigen Zahlen.

8. Kapitel: Zeit ist Geld

Darüber, wann schnelle Entscheidungen sinnvoll sind, schrieb Dennis Kremer in der Frankfurter Allgemeinen Sonntagszeitung unter dem Titel «Zeitdruck tut gut», erschienen am 24. Mai 2015, Seite 36.

Über das Glücksrad-Experiment schrieb Maria Konnikova in der New York Times unter dem Titel «No money, no time», erschienen am 15. Juni 2014.

Die Überlegungen zur Zeitarmut von Prof. Dr. Joachim Merz und seinem Kollegen Tim Rathjen stammt aus dem IZA Diskussionspapier «Intensity of Time and Income Interdependent Multidimensional Poverty» vom Oktober 2011. Ergänzt wurde die Studie mit aktuellen Zahlen zur Zeitverwendung vom Statistischen Bundesamt aus dem Jahr 2012/13 im Diskussionspapier Nr. 103 des Forschungsinstituts Freie Berufe (FFB) «Freie Berufe – Hat die Ungleichheit und Polarisierung von Einkommen und Zeit zugenommen?»

Die Schilderungen von Melinda Gates über die Zeitarmut in Afrika stammen aus dem Jahresbrief von Bill und Melinda Gates: «Two superpowers we wish we had» vom 22. Februar 2016.

9. Kapitel: In der Tempo-Schleife

Die Soziologen Hartmut Rosa und Martin Dornes streiten in der Frankfurter Allgemeinen Sonntagszeitung über die Frage «Macht der Kapitalismus uns krank?» in der Ausgabe vom 26. Juni 2016, Seite 30.

Die Angaben über die Zahl der Burnout-Patienten stammen aus einer Statistik der AOK-Versicherten, nachzulesen im Statista-Dossier «Depression und Burnout-Syndrom».

Die Kritik an der Beschleunigung hat Hartmut Rosa in zwei Büchern vorgebracht: «Beschleunigung und Entfremdung. Entwurf einer Kritischen Theorie spätmoderner Zeitlichkeit» und «Resonanz. Eine Soziologie der Weltbeziehung». Beide sind im Suhrkamp Verlag erschienen.

Das Buch von Martin Dornes mit dem Titel «Macht der Kapitalismus depressiv» ist im S. Fischer Verlag erschienen.

10. Kapitel: Jetzt mal aufgepasst!

Der Achtsamkeitslehrer Jon Kabat-Zinn im Gespräch mit Bettina Weiguny, Frankfurter Allgemeine Sonntagszeitung vom 15. März 2015, Seite 21.

Der Google-Ingenieur Chade-Meng Tan hat ein Buch über sein Achtsamkeitsprogramm veröffentlicht unter dem Titel «Search Inside Yourself. Das etwas andere Glücks-Coaching», erschienen im Goldmann Verlag.

11. Kapitel: Der Tod ändert alles

Die Erkenntnisse des römischen Philosophen Seneca sind nachzulesen in «Von der Kürze des Lebens», Kleine Bibliothek der Weltweisheit, Band 11, eine gemeinschaftliche Reihe vom Deutschen Taschenbuch Verlag (dtv) und C.H.Beck.

Über die Forschung zu den glücklichen Alten spricht Laura Carstensen im Ted-Talk vom 13. März 2014.

Darüber, dass die meisten Weichen zwischen 20 und 30 gestellt werden, spricht die Psychologin Meg Jay im Ted-Talk, Februar 2013.

12. Kapitel: Zu guter Letzt

Jutta Allmendinger fordert in der Frankfurter Allgemeinen Sonntagszeitung vom 31. Mai 2015: «Mehr Unordnung wagen», Seite 36.

Aus dem Verlagsprogramm

Mehr zu «Zeit» bei C.H.Beck

Christian Hesse
Math Up Your Life!
Schneller rechnen, besser leben
2016. 142 Seiten mit 25 Abbildungen. Paperback

Werner Kinnebrock
Was macht die Zeit, wenn sie vergeht?
Wie die Wissenschaft die Zeit erklärt
3., durchgesehene Auflage. 2014. 160 Seiten mit 4 Abbildungen
und 2 Tabellen. Paperback

Harald Weinrich
Knappe Zeit
Kunst und Ökonomie des befristeten Lebens
2008. 272 Seiten. Paperback

Marc Wittmann
Gefühlte Zeit
Kleine Psychologie des Zeitempfindens
4. Auflage. 2016. 189 Seiten mit 11 Abbildungen. Paperback

Marc Wittmann
Wenn die Zeit stehen bleibt
Kleine Psychologie der Grenzerfahrungen
2015. 173 Seiten mit 6 Abbildungen und 1 Tabelle. Paperback

C.H.Beck

Klug durchs Leben mit C.H.Beck

Die 101 wichtigsten Fragen
bei C.H.Beck

Petra Altmann
Orden und Klosterleben
Mit Antworten von Abtprimas Notker Wolf
2011. 143 Seiten mit 23 Abbildungen. Paperback

Thomas Junker
Evolution
2011. 160 Seiten mit 15 Abbildungen. Paperback

Claus Leitzmann
Gesunde Ernährung
2013. 2. Auflage. 153 Seiten. Paperback

Stefanie Schütte
Mode, Fashion, Haute Couture
2011. 151 Seiten mit 30 Abbildungen und 8 Vignetten.
Paperback

Hans-Jürgen Wagener
Geld- und Finanzmärkte
2012. 175 Seiten mit 5 Grafiken. Paperback

C.H.Beck